乡村振兴系列图书

农民专业合作社管理

纪炳南　主编

化学工业出版社

·北京·

内容简介

《农民专业合作社管理》设置六章：农民专业合作社创建、农民专业合作社组织管理、农民专业合作社生产管理、农民专业合作社市场营销、农民专业合作社财务管理、农民专业合作社优惠政策。各章都设有"案例导入"，正文中穿插"知识链接""专家提示""拓展阅读"等背景知识和相关资料，内容精练，切中农民专业合作社经营管理的关键环节和关键问题。本书编写的主旨是作为新型农民培训用教材，也可作为中、高职学生学习农民专业合作社管理课程的教材或参考书籍使用。

图书在版编目（CIP）数据

农民专业合作社管理 / 纪炳南主编. -- 北京：化学工业出版社，2024. 10. --（乡村振兴系列图书）.
ISBN 978-7-122-46183-4

Ⅰ．F321.42

中国国家版本馆 CIP 数据核字第 2024WT7021 号

责任编辑：迟　蕾　张雨璐　李植峰　　装帧设计：韩　飞
责任校对：李　爽

出版发行：化学工业出版社
　　　　　（北京市东城区青年湖南街 13 号　邮政编码 100011）
印　　装：北京建宏印刷有限公司
710mm×1000mm　1/16　印张 7¼　字数 121 千字
2025 年 2 月北京第 1 版第 1 次印刷

购书咨询：010-64518888　　　　　售后服务：010-64518899
网　　址：http://www.cip.com.cn
凡购买本书，如有缺损质量问题，本社销售中心负责调换。

定　　价：36.00 元　　　　　　　　　版权所有　违者必究

前 言

近年来，随着《中华人民共和国农民专业合作社法》的颁布、实施、修订，我国依法登记的农民专业合作社（简称"合作社"）截止到 2022 年底达到 224.36 万家，入社农户超过 1 亿户，合作社覆盖面稳步扩大，平均每个村有超过 3 家的合作社，入社农户占全国农户的 50% 以上。

农民专业合作社在数量猛增的同时，其合作水平显著提升，逐步向一二三产业融合的多种功能拓展，向生产、供销、信用业务综合合作演变；通过共同出资、共创品牌、共享利益等方式组建的联合社也得到了迅速的发展。农民专业合作社已经成为重要的新型农业经营主体和现代农业建设的中坚力量。当然，我国农民专业合作社的发展仍处于起步阶段，规模、规范化、人才、资金等问题制约了农民专业合作社的发展，解决的途径和方法仍在实践探索中。

本书依据《中华人民共和国农民专业合作社法》和相关的经济管理理论，在深入农民专业合作社进行大量调研，以及查阅相关资料的基础上，设置了六章：农民专业合作社创建、农民专业合作社组织管理、农民专业合作社生产管理、农民专业合作社市场营销、农民专业合作社财务管理、农民专业合作社优惠政策。

参与本教材编写的人员包括黑龙江农业经济职业学院的纪炳南、何伟威、杜学超、王宝双、崔丰、张仲华、黄鑫、侯林林、尚肖飞、王磊、刘楠、李桂英、杨玉荣、王崇辉，黑龙江朗运农作物种植专业合作社联合社的隋小平。其中纪炳南任主编，杜学超、何伟威、隋小平任副主编。

具体编写分工为：

第一章（纪炳南、隋小平、王崇辉）；第二章（纪炳南、何伟威、刘楠）；第三章（杜学超、张仲华）；第四章（王宝双、侯林林、李桂英）；第五章（纪炳南、杨玉荣、黄鑫）；第六章（崔丰、王磊、尚肖飞）。

由于编者水平有限，书中如有疏漏不当之处，敬请广大读者批评指正，以咨修订，在编写过程中参考了众多专家学者的文献论著，在此表示衷心感谢！

编者

目　录

第三章　农民专业合作社生产管理　　41

第一章
农民专业合作社创建

内容提要

农民专业合作社的概念与性质、农民专业合作社应当遵循的原则、农民专业合作社现状及存在的问题。

农民专业合作社、农民专业合作社联合社的设立条件，农民专业合作社章程制定的要求。

农民专业合作社的合并、分立、解散、清算和破产的相关知识。

案例导入

黑龙江克山："仁发模式"走出创新发展之路

克山县仁发现代农业农机专业合作社经过多年的探索，创新出合作社的"六化"发展模式，走出了三产融合的发展之路。该合作社先后被评为"全国农民专业合作社示范社""全省现代农业农机专业合作社示范社"，理事长当选为第十二届省委候补委员、十九大代表，先后被授予"全国十佳农民""全国先进工作者""黑龙江省劳动模范"等荣誉称号。"仁发模式"在全国复制推广。

实行均等化分配

坚持以社员利益为重，立足让每位社员充分享受农业生产环节中的利益，逐步健全分配机制。合作社发展大体经历 4 个阶段。2016 年以来，合作社开始晋档升级。2018年总盈余3216.5万元。总盈余中入社土地分红比例由74%提高到78%，社员亩均分红554元。

加强规范化管理

按照"民办、民管、民受益"的原则，探索完善各项规章制度，确保合作社规范健康发展。合作社实行一户一票，重大事项由理事会"拿点子"或其他社员提建议，再提交代表大会集体讨论通过，监事会全程监督执行。管理人员实行目标责任制，以绩效定工资，完成目标后以年度总盈余2%作为工资总额，理事长挣工资总额的20%，其他人员挣工资总额的80%，有效调动了管理人员的积极性。合作社始终坚持没有无主资产、未分配盈余为零，把每季度最后一个月的25日确定为财务公开日，接受成员的监督，让成员心里都揣本"明白账"。

推广高效化种植

合作社始终瞄准市场需求，以质量效益为目标，以绿色有机、高产高效为方向，推广应用先进栽培模式，着力提高农业生产效益。围绕农业供给侧结构性改革，坚持以绿色有机为先导，以种养结合为途径，调优农业生产结构。在种植业上，2019年经营土地5.6万亩（1亩＝666.7平方米），其中种植马铃薯7600亩、高蛋白大豆17500亩、有机豆浆豆7800亩、玉米15700亩、鲜食玉米5800亩、青刀豆524亩、豌豆1076亩，高效作物种植比例达到89%，预计实现纯效益3200万元。在养殖业上，围绕绿色有机促养殖，预计年底出栏黄肉牛200头，实现效益28万元。同时，以肉牛养殖为依托，投资建成有机肥厂，年产有机肥1500吨，可施用土地1.6万亩，改善土壤结构，提高有机质含量，促进生态循环发展。

提升组织化层次

通过规范提升、联合协作等方式，推进合作社由单一生产向联合经营转变，加快推进合作社种养加销一体化发展步伐。由仁发现代农业农机专业合作社牵头联合7家省级规范社组建联兴现代农机合作社联合社（简称"联合社"），带动成员社种植鲜食玉米3.5万亩、青刀豆1500亩、毛豆4000亩、豌豆1800亩。将大型农机进行整合，统筹租赁使用，增加农机作业收入。通过联合社与象屿集团签订订单，带动成员社经营土地52.1万亩，其中入社土地24.1万亩、租赁土地28万亩，预计实现效益1.04亿元。

推进精深化加工

合作社抓住国家实施一二三产业融合发展政策机遇，加大项目引进力度，推进合作社由单一种植向复合型转变。依托国际市场上日益畅销的彩色马铃薯加工食品，投资 6000 万元新上彩色马铃薯加工项目，产品囊括彩色马铃薯片、彩色马铃薯条、彩色马铃薯丁、彩色马铃薯角等系列休闲食品，以及彩色马铃薯粉、彩色马铃薯泥、彩色马铃薯汁饮品和花青素提炼品等。仁发农业发展有限公司投资建设甜玉米、糯玉米、特色豆加工生产线 7 条，现已全部建成投产，年可生产速冻甜玉米粒 2 万吨、特色豆 2500 吨，实现销售收入 5000 万元、利税 1300 万元。

加快市场化销售

围绕资源创建品牌，向"互联网＋"要效益，实现"种得好"向"卖得好"转型。先后注册了"龙哥""龙妹"和"仁发绿色庄园"等品牌，通过创建品牌，向品牌要效益，仁发现代农业农机合作社品牌知名度和市场竞争力日益增强。与阿里巴巴、一号店、京东商城等知名电商合作，推进绿色有机产品线上销售。在组建营销团队、建立外埠市场的基础上，联合 7 家合作社成立黑龙江仁农农业科技有限公司，借助克山县与上海市农委签署《马铃薯主食化项目战略合作框架协议》的有利契机，与上海盘中餐、清美等龙头企业签订农产品销售协议，确定作为上海市唯一马铃薯主食化农产品供应外延基地，合作社农产品成功打入上海市场。

思考：结合"仁发模式"谈谈发展农民专业合作社的意义及合作社的创新发展。

第一节 农民专业合作社认知

一、农民专业合作社的概念和性质

1. 农民专业合作社的概念

什么是农民专业合作社呢？按着新修订并公布施行的《中华人民共和国农民专业合作社法》第二条之规定：农民专业合作社是指在农村家庭承包经营基础上，农产品的生产经营者或者农业生产经营服务的提供者、利用者，自愿联合、民主管理的互助性经济组织。

理解农民专业合作社的概念要从以下三个方面着手：

（1）基础，农村家庭承包经营是农民专业合作社建立之基础。这也使农民专业合作社区别于中华人民共和国成立初期的农业生产合作社、人民公社。正是在农村家庭承包经营的基础上建立的农民专业合作社里，其财产通过设立成员账户可以量化到每个成员,成员退社时可将其财产带走,而农业生产合作社、人民公社的财产没量化到社员,是集体财产。

(2)组成,农民专业合作社是由农产品的生产经营者或者农业生产经营服务的提供者、利用者组成的,包括农民、城镇居民和企业、事业单位或者社会组织,其中农民至少应当占成员总数的百分之八十。新的农民专业合作社法取消了有关"同类"农产品或者"同类"农业生产经营服务中的"同类"的限制,扩大了法律的调整范围。这是为适应各种类型的农民专业合作社并行发展,在专业化基础上向综合化方向发展的趋势,以及农民对各类合作社提供服务的需求日益多元,不局限于同类农产品或者同类农业生产经营服务的范围而做的改变。

(3)特征,自愿联合、民主管理的互助性经济组织是农民专业合作社区别于其他类型组织(如公司、事业单位、政府机构等)的特征。自愿联合是指成员设立合作社、加入合作社是自愿的,当然也可以自由退社。农业行政部门等有关部门可以宣传合作社的好处,鼓励农民成立合作社、加入合作社,但不能违背农民意愿强迫农民成立或加入合作社。民主管理,是指在合作社最高权力机构成员大会的选举和表决时,实行一人一票制,成员各享有一票基本表决权,通过投票来决定合作社的重大事项。互助性强调农民专业合作社以其成员为主要服务对象,开展多种产前、产中、产后服务,谋求全体成员的共同利益。

专家提示

新版《中华人民共和国农民专业合作社法》的主要变化

新版《中华人民共和国农民专业合作社法》(简称《农民专业合作社法》)2017年12月27日修订并正式发布,于2018年7月1日正式施行。

新版《农民专业合作社法》重点扶持对象是:休闲农场主、农场金融人才、乡村旅游经营者、民间手工艺人。

重点清理对象是:虚假运营者、经营不善者、管理混乱无序的合作社、作用缺失的合作社。国家将有序对这些经营者、合作社进行规范整顿,仍不合格的将清理注销,确保全国合作社的整体质量。

对比新旧版《农民专业合作社法》,新版《农民专业合作社法》在许多领域都做出了新的突破。现总结如下。

一、取消同类限制，明确业务范围

为适应农民专业合作社由单一生产经营模式向多种经营和服务综合化方向发展的转变，在第二条取消了"同类"的限制，扩大了法律调整范围。

结合农村民间工艺及制品、休闲农业和乡村旅游资源开发经营等新兴服务类型的发展态势，在第三条以列举的方式扩大农民专业合作社的服务类型。

二、出资形式更加多元化

新版《农民专业合作社法》规定，农民专业合作社成员除了可以用货币出资，也可以用实物、知识产权、土地经营权、林权等可以用货币估价并可以依法转让的非货币财产，以及章程规定的其他方式作价出资。

也就是说，只要符合章程规定、全体成员认可、符合法律和行政法规规定的出资形式都可以。这点明确了成员可以用土地经营权等财产作价出资，体现了出资的多样性。土地经营权的作价出资，有利于农民充分利用土地的用益物权，把资产变成资本，提高农户投资的积极性。

三、允许农民专业合作社内部开展信用合作

在借鉴地方立法经验基础上，新版《农民专业合作社法》中明确农民专业合作社内部开展信用合作，须依托于农民专业合作社，以成员信用为基础，以产业为纽带，由全部或部分成员自愿出资，目的是为成员在合作社内部发展生产提供资金互助业务活动，不是专门的信用合作社。

四、增加了一章"农民专业合作社联合社"

农民专业合作社按照自愿、平等、互利的原则设立联合社，是世界各国合作社发展的普遍做法。联合社的发展不仅增强了专业合作社的发展能力，更推动了农业规模化经营，加快了现代农业建设步伐。由于过去缺乏法律的依据，一定程度上影响了联合社的发展，所以这次新修订的《农民专业合作社法》增加了"农民专业合作社联合社"一章，对联合社的成员资格、注册登记、组织机构、治理结构等作了规定，法律规定三个以上的农民专业合作社在自愿的基础上可以出资设立农民专业合作社联合社，依法登记后取得法人资格，登记类型为农民专业合作社联合社。联合社理事长、理事应当由成员选派的人员担任；明确农民专业合作社联合社成员大会的选举和表决，实行一社一票。

五、扶持更加精准给力

1. 资金扶持对象更加精准

新版《农民专业合作社法》强调：中央和地方财政应当分别安排资金，支持农民专业合作社开展信息、培训、农产品标准与认证、农业生产基础设施建设、市场营销和技术推广等服务。国家对革命老区、民族地区、边疆地区和贫困地区的农民专业合作社给予优先扶助。

2. 金融扶持更加给力

新版《农民专业合作社法》金融扶持方面最大的亮点是：国家鼓励保险机构为农民专业合作社提供多种形式的农业保险服务。鼓励农民专业合作社依法开展互助保险。

3. 税收扶持更加给力

税收优惠方面，新旧版《农民专业合作社法》都规定：农民专业合作社享受国家规定的对农业生产、加工、流通、服务和其他涉农经济活动相应的税收优惠。旧版《农民专业合作社法》里，优惠政策由国务院规定，新版《农民专业合作社法》则取消了这个规定，意味着农民专业合作社可能会随着当地农业经济发展的可能性和迫切性享受更多的优惠政策。

4. 电力和土地政策更加给力

新版《农民专业合作社法》规定：农民专业合作社从事农产品初加工用电执行农业生产用电价格，农民专业合作社生产性配套辅助设施用地按农用地管理，具体办法由国务院有关部门规定。

2. 农民专业合作社的性质

农民专业合作社的性质是对农民专业合作社概念的进一步解读，反映了农民专业合作社的基本特征。

（1）农民专业合作社是一种经济组织。这是说农民专业合作社在服务成员的同时自主经营、自负盈亏，要核算收益，要赚取利润。

（2）农民专业合作社建立在农村家庭承包经营基础之上。

（3）农民专业合作社是自愿和民主的经济组织。

（4）农民专业合作社是具有互助性质的经济组织。

（5）农民专业合作社是专业的经济组织。这里的专业是指合作社从事的生产经营活动是专业的，如种植专业合作社、养殖专业合作社，还可以进一步细分为水稻种植、玉米种植、奶牛养殖、生猪养殖等。随着农民专业合作社的进一步发展，综合性生产经营的合作社也将是趋势之一。

📚 知识链接

农民专业合作社的业务

《农民专业合作社法》第三条规定：农民专业合作社以其成员为主要服务对象，开展以下一种或者多种业务：

（一）农业生产资料的购买、使用；

（二）农产品的生产、销售、加工、运输、贮藏及其他相关服务；

（三）农村民间工艺及制品、休闲农业和乡村旅游资源的开发经营等；

（四）与农业生产经营有关的技术、信息、设施建设运营等服务。

3. 发展农民专业合作社的意义

（1）提高农民的市场竞争能力和谈判地位，有效地增加了农民收入。

（2）实行标准化生产，保障农产品质量安全，提高农产品品质，增强市场竞争能力。

（3）带动农业结构战略性调整，推动形成了"一村一品、一县一业"的产业格局。

（4）拓宽农业社会化服务渠道，提高农民素质，培养了新型农民。

（5）便于农民更直接有效地享受国家对农业、农村和农民的扶持政策。

🔄 拓展阅读

日本农业协同组合概况

日本的农民合作组织称为"农业协同组合"，简称农协，是依据日本 1947 年颁布实施的《农业协同组合法》而建立起来的既具有企业的特殊性质，又具有很浓的农村社区性质的农民合作组织。

一方面，日本农协是企业，经营管理等业务是依照企业经营的法律规范来进行的。农协采取参加者投资入股的方式集资，由股东投票产生董事会，再由董事会选择合适的人才经营具体业务，协同组织的职员由经理招聘，并在农协领取工资。

另一方面，农协又是群众团体，是农民团体和合作社。它不仅代表农民利益向政府提出意见和建议，而且对农民从各方面进行指导。无论经济辐射力还是政治影响力，农协在日本农业与农村中居于举足轻重的地位。

由于它的双重特性，日本将农协确定为介于营利性工商企业和政府公益性事业之间的特殊法人，由农林水产省大臣和都道府县知事批准后注册登记。在近百年实践中，日本农协已经形成了一个包括地方性组织和全国性组织在内的完整体系，从中央到地方建立了一整套严密的农协组织系统，把农民全部纳入农协组织中来，不仅提供产前、产中、产后的服务和指导，还尝试提供包括所有成员的生老病死服务。所有的农协组织联结在一起，在全国形成一个庞大的组织体系，覆盖了日本整个农村地区。

日本是世界农业合作组织发达的国家之一。日本市场销售的农产品绝大部分是由农协提供的，其中大米和小麦占95%，水果占80%，家禽占80%，畜产品占51%。日本农民需要的生产资料也大部分由农协购买提供，其中肥料达92%，饲料达40%，农机具达47%，农药达70%。

日本农协除提供信贷服务和保险服务、医疗保健服务、共用事业服务等职能外，农协开展的服务事业还有加工服务、旅游服务、农业经营受托事业服务、为农协社员代理农地的出售与转让服务、平整住宅用地、建造和管理租借住宅服务及土地改良服务等各个方面的服务职能。日本农协的服务职能几乎涵盖了日本农民生产生活、教育医疗的方方面面，从根本上解决了农民的后顾之忧。

二、农民专业合作社运营原则

农民专业合作社运营原则是合作社建立和运营的制度标准，也是《农民专业合作社法》第四条的内容，只有依照这些原则组建和运行的合作经济组织才是《农民专业合作社法》所指的农民专业合作社，才能享受《农民专业合作社法》规定的各项扶持措施和优惠政策。具体来说，我国农民专业合作社应当遵循五项原则。

1. 成员以农民为主体

农民专业合作社是农民的经济互助组织，农民要真正成为合作社的主人，有效地表达自己的意愿，并要防止他人利用、操纵农民专业合作社，所以成员要以农民为主体。《农民专业合作社法》规定，农民专业合作社的成员中，农民至少应当占成员总数的百分之八十，其他成员可以是城镇居民和企业、事业单位或者社会组织。成员总数二十人以下的，可以有一个企业、事业单位或者社会组织成员；成员总数超过二十人的，企业、事业单位和社会组织成员不得超过成员总数的百分之五。

2. 以服务成员为宗旨

谋求全体成员的共同利益。农民专业合作社要坚持以服务成员为宗旨。农民入社后，可以享受农民专业合作社提供的产前、产中、产后服务，更好地发展生产。农民专业合作社则将成员分散生产的农产品集中起来，以规模化的方式进入市场，改变了单个农民的市场弱势地位。农民专业合作社为成员服务，还必须坚持谋求全体成员的共同利益。不论是农民个人还是企业等团体成员，加入合作社都是为了享受农民专业合作社提供的服务，合作社本质上是成员共同利益的联合体，这种共同利益是成员间进行合作基础，只有谋求共同利益才能保证全体成员的利益最大化，实现每个成员加入合作社的目的。

3. 入社自愿、退社自由

凡具有民事行为能力的公民及企业、事业单位或者社会组织，能够利用农民专业合作社提供的服务，承认并遵守农民专业合作社章程，履行章程规定的入社手续，就可以成为农民专业合作社的成员。农民可以自愿加入一个或者多个农民专业合作社，入社不改变承包经营地位；任何单位和个人都不得违背农民意愿，以指导、扶持和服务等名义强迫他们成立或者加入农民专业合作社。合作社的成员也可以依法自由退出农民专业合作社，终止其成员资格。

4. 成员地位平等，实行民主管理

农民专业合作社的各个成员不论是否出资、出资多少，也不论在合作社中担任何种职务，在合作社内部的地位都是平等的，成员地位平等也是实行民主管理的前提。实行民主管理，是指在合作社最高权力机构成员大会的选举和表决时，实行一人一票制，成员各享有一票基本表决权，通过投票来决定合作社的重大事项。

5. 盈余主要按照成员与农民专业合作社的交易量（额）比例返还

盈余分配方式是农民专业合作社与其他经济组织的重要区别，为了体现盈余主要按成员与本社的交易量（额）比例返还的基本原则，保护一般成员和出资较多成员两个方面的积极性，《农民专业合作社法》规定：可分配盈余按成员与本社的交易量（额）比例返还的返还总额不得低于可分配盈余的百分之六十；返还后的剩余部分，以成员账户中记载的出资额和公积金份额，以及本社接受国家财政直接补助和他人捐赠形成的财产平均量化到成员的份额，按比例分配给本社成员。

🔖 **专家提示**

农民专业合作社与公司的区别

农民专业合作社是特殊类型的企业，它与公司主要区别有以下五点：

（1）成员的身份不同。农民专业合作社的成员以农民为主体，农民至少应当占成员总数的80%。公司中无论是股东还是员工，都没有身份的限定。

（2）组织的目标、宗旨不同。农民专业合作社以服务成员为宗旨，谋求全体成员的共同利益。公司以服务消费者为宗旨，以股东财富最大化为目标，更注重谋求股东的利益。

（3）成员的退出限制不同。农民专业合作社的成员入社自愿、退社自由。公司的股东退出有一定限制，股东一般不能向公司要求退股，但可以通过转让股份退出公司。其中有限责任公司的股东转让股份还有较多的限制。

（4）决策机制不同。农民专业合作社成员地位平等，实行民主管理，成员大会是合作社的最高权力机构，每个成员都享有一票基本表决权，通过投票实行民主管理。公司的股东会是其最高权力机构，按持股比例行使表决权，不实行民主管理。

（5）利润分配的依据不同。农民专业合作社盈余主要按照成员与农民专业合作社的交易量（额）比例返还。可分配盈余按成员与本社的交易量（额）比例返还的返还总额不得低于可分配盈余的百分之六十；返还后的剩余部分，以成员账户中记载的出资额和公积金份额，以及本社接受国家财政直接补助和他人捐赠形成的财产平均量化到成员的份额，按比例分配给本社成员。公司的净利润按持股比例进行分配。

三、农民专业合作社现状及存在的问题

1. 农民专业合作社现状

截止到2022年底，我国依法登记的农民专业合作社达到224.36万家，入社农户超过1亿户。农民专业合作社已经成为重要的新型农业经营主体和现代农业建设的中坚力量。

在数量猛增的同时，合作社的合作水平显著提升，逐步向一二三产业融合的多种功能拓展，向生产、供销、信用业务综合合作演变。产业涵盖粮棉油、

肉蛋奶、果蔬茶等主要产品，并扩展到农机、植保、民间工艺、旅游休闲农业等多领域；在专业合作的基础上，农民群众探索出股份合作、信用合作、合作社再联合等多种形式和业态。农民专业合作社正在成长为重要的新型农业经营主体和现代农业建设的中坚力量，在促进农业适度规模经营、推动农业供给侧结构性改革，以及带动农民就业增收、脱贫致富中发挥的作用越来越突出。

目前，合作社已成为构建立体式复合型现代农业经营体系的牢固纽带；已成为引领适度规模经营发展的有效载体；已成为推进农业供给侧结构性改革的重要力量；已成为带动农民发展产业脱贫增收的主要渠道。

2. 农民专业合作社存在的问题

我国农民专业合作社经过多年的发展在解决"三农"问题方面取得了较大的成绩，但仍存在着制约其发展的多种问题。

（1）社会认知度不高。农民专业合作社作为一个新型的农业经营主体，既区别于以前的人民公社，也区别于现在各类型的企业，无论是农民还是城市居民对于农民专业合作社的内涵、作用、功能、运营原则等方面的认知还是比较低的。有一些农民成立、加入合作社的目的就是想利用国家优惠政策，套取国家补助资金，从而产生了很多没有实际经营的"空壳合作社""虚假合作社"。

（2）缺乏各类人才。由于农民专业合作社参与者大多是农民，合作社的负责人一般由所在村组负责人或当地的种养殖大户担任，靠长久积累的经验做事，难以适应现代农业规模化生产的要求，大多数合作社在技术、管理、经营、财务等方面缺乏人才。

（3）产品缺乏核心竞争力。大部分合作社能够依据当地特色资源优势发展经营，但由于自身认知的局限，对如何将产业做大做强及对合作社和产品的定位模糊不清，对创优创牌方面的意识相当缺乏，从而导致产品缺乏核心竞争力。

（4）规模小，运营管理不规范。农民专业合作社目前虽然数量较多，但多数农民专业合作社规模较小，管理体制不健全，内部控制机制薄弱，运营和管理随意性较大，财务制度、分配制度得不到落实，成员受益小，严重制约了专业合作社带动功能的充分发挥。

（5）资金短缺，融资困难。农民专业合作社自有资金来源于成员缴纳的出资，资金实力非常有限。金融机构出于风险控制的原因，往往不愿意向农民专业合作社发放贷款，导致农民专业合作社融资困难，资金需求矛盾十分突出。

专家提示

国外农业合作社的发展经验对我国发展农民专业合作社的启示

1. 进一步发挥政府的作用

通过比较研究政府在各国农业合作社发展过程中发挥的作用来看，我国应当对农民专业合作社以法律和政策加以规范和引导，加强对农民专业合作社的监管与监督。转变政府职能，在农民专业合作社运营的具体事务中学会放手，不断完善农民专业合作社的独立自主的运营模式。

2. 发展创新型的农业合作社

从发达国家农业合作社的发展历程来看，各国均注重对农业合作社的创新与改革。我国区域经济发展的不平衡性决定了合作社组织形式的多元化。我国要充分借鉴国外农业合作社先进的运营模式，并结合各个区域的经济发展特点来发展新型的农业合作社，只要是适合中国国情的，促进绿色生态农业发展的，都应该予以支持。

3. 进一步加强农业合作社的股份制改革

纵观美国、日本等发达国家的农业合作社，各国为了适应激烈的市场竞争与日新月异的外部环境变化，纷纷选择股份制合作的方式，特别是随着合作社运营范围的产业化发展与逐渐向产业链上端蔓延的趋势，农业合作社对资金、人才与技术的要求也越来越高，发展股份制农业合作社是历史的必然。在融资渠道上，我国的农民专业合作社主要采取的是成员出资、政府财政支持、社会融资以及农业贷款等形式。我国发展股份制农民专业合作社具有很大的潜力和生命力，要清醒认识、认真对待并积极引导，促进股份制合作社向规范化的方向发展。

4. 发展多元化农业技术推广体系

国外农业合作社的发展都离不开国家的财政支持与信贷机构的支持，也离不开专业化的人才队伍，特别是高素质的农业技术推广人员。从我国农民专业合作社发展的历程来看，构建广泛主体参与的多元化农业技术推广体系是必然趋势。只有从人才、资金和制度等方面加大对农业技术推广体系的建设，才能真正建立起符合中国经济发展规律的农民专业合作社群体。

第二节　农民专业合作社设立

一、设立农民专业合作社应具备的条件

设立农民专业合作社，应当具备以下五个条件。

1. 成员的资格与比率符合法律规定

设立农民专业合作社必须有五名以上的成员。具有民事行为能力的公民，以及从事与农民专业合作社业务直接有关的生产经营活动的企业、事业单位或者社会组织，能够利用农民专业合作社提供的服务，承认并遵守农民专业合作社章程，履行章程规定的入社手续的，可以成为农民专业合作社的成员。但是，具有管理公共事务职能的单位不得加入农民专业合作社。

成员中农民至少应当占成员总数的百分之八十；成员总数二十人以下的，可以有一个企业、事业单位或者社会组织成员；成员总数超过二十人的，企业、事业单位和社会组织成员不得超过成员总数的百分之五。

2. 有符合法律规定的农民专业合作社章程

农民专业合作社章程是农民专业合作社在法律法规和国家政策规定的框架内，由本社的全体成员根据本社的特点和发展目标制定的，并由全体成员共同遵守的行为准则。制定章程是农民专业合作社设立的必要条件和必经程序之一。章程必须经全体设立人一致通过，章程应当采用书面形式，全体设立人在章程上签名、盖章。

3. 有符合法律规定的组织机构

农民专业合作社的组织机构是指成员大会、理事会和监事会及根据合作社发展目标和生产经营业务设立的具体运营部门，如生产部、技术部、销售部等。农民专业合作社法规定：设立农民专业合作社，应当召开由全体设立人参加的设立大会，设立大会选举产生理事长、理事、执行监事或者监事会成员。

4. 有符合法律、行政法规规定的名称和章程确定的住所

农民专业合作社的名称是合作社设立登记并开展经营活动的必要条件。农民专业合作社的名称由"行政区划、字号、业务范围、组织形式"四部分组成。例如"牡丹江市东安区龙丰粮食种植专业合作社"，行政区划是"牡丹江市东安区"，字号是"龙丰"，业务范围是"粮食种植"，组织形式是"专业合作社"。

农民专业合作社的住所，是指法律上确认的农民专业合作社的主要经营场所或办事机构所在地。住所可以是专门的场所，也可以是某个成员的家庭住址，这是由农民专业合作社的组织特征、服务内容所决定的。合作社的住所只能有一个，应当在登记机关管辖区域内，由合作社全体成员通过章程来确定。

5. 有符合章程规定的成员出资

农民专业合作社成立初期其所有资产几乎都来自成员出资，这是合作社开展生产经营和服务的物质基础。农民专业合作社法规定：农民专业合作社成员可以用货币出资，也可以用实物、知识产权、土地经营权、林权等可以用货币估价并可以依法转让的非货币财产，以及章程规定的其他方式作价出资；但是，法律、行政法规规定不得作为出资的财产除外。农民专业合作社成员不得以对该社或者其他成员的债权，充抵出资；不得以缴纳的出资，抵销对该社或者其他成员的债务。

专家提示

如何给农民专业合作社起名

农民专业合作社的名称，是指合作社用以相互区别的固定称呼，是合作社人格特定化的标志，是合作社设立、登记并开展经营活动的必要条件。农民专业合作社的名称由"行政区划、字号、业务范围、组织形式"四部分组成。

农民专业合作社依法享有名称权，并以自己的名义从事生产经营活动，其名称受到相关法律保护，任何单位和个人不得侵犯。农民专业合作社只准使用一个名称，在登记机关辖区内不得与已登记注册的同行业农民专业合作社名称相同。

在给农民专业合作社起名时要关注以下三点。

（1）要做到"三要四不要"原则。其中的"三要"就是所起的农民专业合作社名字要讲究好听、好记、好叫、易于书写，名字必须要有寓意，要有文化内涵。"四不要"就是不要出现重名的现象，不要出现拗口、谐音的现象，不要使用生僻字、同音字，不要与农民专业合作社不相关。

（2）讲究独特性。一家新开的农民专业合作社名字必然要让人记住，所以是非常独特的、有个性的，不会产生重名现象的，要以防混淆大众记忆，从而可加深大众对农民专业合作社的印象。

（3）农民专业合作社名称要响亮，易于上口。响亮而又具有节奏感的名称，极具传播力。如果名字比较拗口，节奏感不强，不利于发音效果，也不利于传播。

下面我们举几个既好听又有寓意的农民专业合作社名称的例子。

1. 绿林盟

"绿"字代表活力、积极、向上；树合而成林，"林""盟"都代表团结，体现了合作社的宗旨。寓意通过合作、联盟发展中国绿色农业。

2. 森源

"森"字是由三木而成，象征着大家团结一心为合作社发展而努力，也有绿色农业、生态农业的含义；"源"字是以合作者的利益为轴心，为合作社提供源源不断的新鲜血液与文化。寓意合作社基于国家政策，以生态绿色农业为中心，在坚持科学发展观的基础上，财源滚滚。

3. 谐合

"谐"有和谐之意，现在农村主题是"和谐新农村"，和谐发展；"合"指合作团结，将农民专业合作社发展的要求与特色诠释，极具韵味。

4. 稻麦香

取自辛弃疾的诗作《西江月·夜行黄沙道中》的"明月别枝惊鹊，清风半夜鸣蝉。稻花香里说丰年，听取蛙声一片"。寓意种植农作物，农业发展及开发，父老乡亲脱贫致富。

二、农民专业合作社筹建

1. 确定设立人

设立农民专业合作社时自愿成为该社成员的人为设立人。设立农民专业合作社，必须有五名以上符合法律规定的成员，要由最早有意向设立农民专业合作社的发起人动员其他公民或组织（主要是农民）成为设立人，来达到成立农民专业合作社的最低法定人数。设立人共同商定拟建合作社的重要事项，如生产经营项目、名称、住所等，并草拟合作社章程。

2. 核定合作社的名称、住所和业务范围

农民专业合作社的名称由"行政区划、字号、业务范围、组织形式"四部分组成。设立人在商定农民专业合作社的名称时，要确定一个主选名称和两个备选名称。住所可以是专门的场所，也可以是某个成员的家庭住址。农民专业合作社的生产经营业务，要在符合国家产业政策的前提下，根据成员生产发展

的需要，结合本社实际情况确定。农民专业合作社的生产经营业务，不能凭一时的热情和主观愿望来确定，而是要在可行性分析的基础上，从实际出发，根据内外部环境条件、成员需要和发展的可能等因素来确定。

3. 制定合作社章程

农民专业合作社章程是在遵循国家法律法规和政策的条件下，由全体成员制定的，并由全体成员共同遵守的行为准则。农民专业合作社章程的制定是设立农民专业合作社的必备条件和必经程序，是其自治特征的重要体现，在农民专业合作社的运营中具有极其重要的作用。设立人要根据本合作社的具体情况和特点参照《农民专业合作社示范章程》制定本合作社的章程，并在设立大会上由全体设立人一致表决通过。

按照《中华人民共和国农民专业合作社法》第十五条的规定，农民专业合作社章程应当载明下列事项：

（1）名称和住所。

（2）业务范围。

（3）成员资格及入社、退社和除名。

（4）成员的权利义务。

（5）组织机构及其产生办法、职权、任期、议事规则。

（6）成员的出资方式、出资额，成员出资的转让、继承、担保。

（7）财务管理和盈余分配、亏损处理。

（8）章程修改程序。

（9）解散事由和清算办法。

（10）公告事项及发布方式。

（11）附加表决权的设立、行使方式和行使范围。

（12）需要载明的其他事项。

4. 召开合作社设立大会

召开设立大会是合作社法规定设立农民专业合作社的必需步骤。设立大会由全体设立人组成，是农民专业合作社尚未成立时设立人的议事机构。如果没有依法召开由全体设立人参加的设立大会，农民专业合作社就不能正式成立。

设立大会行使下列职权：通过本社章程，章程应当由全体设立人一致通过；选举产生理事长、理事、执行监事或者监事会成员；审议其他重大事项。

5. 办理注册登记

农民专业合作社的登记机关为市场监督管理部门。设立农民专业合作社，应当向县级以上市场监督管理部门提交下列文件，申请设立登记：

登记申请书；申请人主体资格文件或者自然人身份证明；全体设立人签名或者盖章的设立大会纪要；全体设立人签名或者盖章的章程；法定代表人、理事的任职文件和自然人身份证明；成员名册和出资清单，以及成员主体资格文件或者自然人身份证明；住所使用证明；法律、行政法规规定的其他文件。

申请材料齐全、符合法定形式的，登记机关予以确认，并当场登记，出具登记通知书，及时制发营业执照，登记类型为农民专业合作社。

不予当场登记的，登记机关应当向申请人出具接收申请材料凭证，并在 3 个工作日内对申请材料进行审查；情形复杂的，经登记机关负责人批准，可以延长 3 个工作日，并书面告知申请人。

申请材料不齐全或者不符合法定形式的，登记机关应当将申请材料退还申请人，并一次性告知申请人需要补正的材料。申请人补正后，应当重新提交申请材料。

专家提示

制定农民专业合作社的章程要关注的问题

（1）制定农民专业合作社章程要符合国家法律、法规和政策的规定。 如果章程的内容与相关法律法规矛盾，则章程不仅无效，还会给合作社的发展、成员的利益带来负面影响。

（2）制定农民专业合作社章程要坚持"民办、民管、民受益"的原则。章程应当是全体设立人真实意思的表示。在制定过程中，每个设立人必须充分发表自己的意见，每条每款必须取得一致意见。只有充分发扬民主制定出来的章程，才能对每个成员起到约束作用，才能很好地得到遵守，也才能调动各方面参与合作社管理与发展的积极性。

（3）农民专业合作社章程的内容要力求完善。合作社如何设立，设立后如何运作，如何实现民主管理，该规定的事项应该尽量规定，这样，才可以在出现问题后有章可循，防止一个人说了算的现象发生。强调合作社章程的完善，并不是强调章程要事无巨细地作出规定，而是就重大事项进行原则性的规定。同时，章程的完善也有一个过程，是在合作社的经营发展中逐步完善的。

（4）农民专业合作社章程的制定要符合实际情况。各个产业、各种产品、各个地区的农民专业合作社千差万别，所以农民专业合作社章程的制定一定要符合本社的实际情况。起草章程时可以参考《农民专业合作社示范章程》，但一定要从本社实际出发，绝不能简单的照抄照搬示范章程。

（5）农民专业合作社章程的制定和修改必须按法定程序进行。为保证章程的稳定性和严肃性，《农民专业合作社法》规定，章程要由全体设立人一致通过。为保障全体设立人在对章程认可上的真实性，还应当采用书面形式，由每个设立人在章程上签名、盖章。章程在合作社的存续期内并不是一成不变的，是可以逐步完善的，但是，修改章程要经由成员大会作出修改章程的决议。

三、农民专业合作社注册登记

在符合农民专业合作社的设立条件，完成了相关的筹建工作并顺利召开了设立大会后，就可以进行申领营业执照、办理公章、办理银行开户等注册登记工作了。

1. 申领合作社营业执照

设立农民专业合作社，应当向县级以上市场监督管理部门提交下列文件，申请设立登记：

登记申请书；申请人主体资格文件或者自然人身份证明；全体设立人签名或者盖章的设立大会纪要；全体设立人签名或者盖章的章程；法定代表人、理事的任职文件和自然人身份证明；成员名册和出资清单，以及成员主体资格文件或者自然人身份证明；住所使用证明；法律、行政法规规定的其他文件。

申请材料齐全、符合法定形式的，登记机关予以确认，并当场登记，出具登记通知书，及时制发营业执照，登记类型为农民专业合作社。

不予当场登记的，登记机关应当向申请人出具接收申请材料凭证，并在3个工作日内对申请材料进行审查；情形复杂的，经登记机关负责人批准，可以延长3个工作日，并书面告知申请人。

申请材料不齐全或者不符合法定形式的，登记机关应当将申请材料退还申请人，并一次性告知申请人需要补正的材料。申请人补正后，应当重新提交申请材料。

2. 办理合作社公章

农民专业合作社的公章不能私自刻制，要由公安局指定的刻章社来刻制公章，包括公章、财务章、合同专用章、发票专用章等。

3. 办理银行开户

农民专业合作社到银行开立账户一般要办理下列手续：

（1）在农民专业合作社注册所在地选定一家商业银行，到该银行领取"开立单位银行结算账户申请书"。

（2）准备下列证件，并复印，作为"开立单位银行结算账户申请书"的附件资料：五证合一的工商登记营业执照；法定代表人居民身份证；会计机构负责人或会计主管人员"会计从业资格证书"。

（3）填写"开立单位银行结算账户申请书"一式3份（开户单位、开户银行、人民银行各一份），加盖单位公章和法定代表人印章，送交开户银行。

（4）开户银行审核并签署意见后，送当地中国人民银行审批。

（5）经中国人民银行核准后，核发"银行开户许可证"。

（6）凭《银行开户许可证》到开户银行领取并填写"银行印鉴卡"，加盖预留银行印鉴。

知识链接

如何注销农民专业合作社

《农民专业合作社法》第七十一条规定：农民专业合作社连续两年未从事经营活动的，吊销其营业执照。目前我国的农民专业合作社有两百多万家，这些农民专业合作社中有相当比例的合作社并没有实际开展经营活动。其中有部分农民专业合作社是为了享受国家政策补贴而成立的，几乎没有实际经营；还有一部分农民专业合作社受限于农民自身的知识水平，经营不善，导致无限期停止经营。这些不再开展经营活动的农民专业合作社，时间久了，遗忘、丢失营业执照的也不在少数。

在农民专业合作社年检改年报后，农民专业合作社已经纳入信用监管体系当中。根据相关法律法规，未按时年报的农民专业合作社将被锁入经营异常名录。在这一大背景下，有必要引导不再开展经营活动的农民专业合作社依法注销。

农民专业合作社注销的基本流程如下：

第一步，向登记机关提出注销申请，领取相关表格。

第二步，在省级以上报纸刊登公告并准备注销材料，同步办理税务注销登记。

第三步，准备相关注销登记材料，自登报公告之日起45日后前往登记机关办理注销手续。

农民专业合作社注销需要提交以下材料：

（1）农民专业合作社注销登记申请书。

（2）农民专业合作社成员大会或者成员代表大会依法作出的解散决议，或农民专业合作社依法被吊销营业执照或被撤销的文件，或人民法院的破产裁定、解散裁判文书。

（3）成员大会或者成员代表大会确认的清算报告。

（4）成员大会或者成员代表大会作出的债务清偿或者债务担保情况说明。

（5）农民专业合作社营业执照正、副本。

（6）刊登公告的报纸或者复印件。

（7）指定委托书。

（8）税务部门出具的注销税务登记证明或清税证明或由税务部门出具未涉及纳税义务的证明。

（9）成立清算组的农民专业合作社申请注销登记，除应提交上述文件、证件外，还应提交成员大会推举成员组成清算组或者人民法院指定成员组成清算组的文件，以及清算组成员、负责人名单。

第三节　农民专业合作社联合社设立

一、农民专业合作社联合社的特点

农民专业合作社联合社是三个以上农民专业合作社以产品和产业为纽带，基于做大同一产业、延长产业链、提高竞争力而自愿联合、民主管理的互助性经济组织。农民专业合作社联合社是农民专业合作社的再度联合，与农民专业合作社相比具有进一步发挥规模效益、有效避免同类合作社之间恶性竞争、解决单个合作社难以解决的问题、满足成员对服务的多样化需求的优势。

农民专业合作社联合社具有以下特点。

（1）具有法人资格，登记类型为农民专业合作社联合社。

（2）农民专业合作社联合社以其全部财产对该社的债务承担责任，农民专业合作社联合社的成员以其出资额为限对农民专业合作社联合社承担责任。

（3）农民专业合作社联合社应当设立由全体成员参加的成员大会，其职权包括修改农民专业合作社联合社章程，选举和罢免农民专业合作社联合社理事长、理事和监事，决定农民专业合作社联合社的经营方案及盈余分配，决定对外投资和担保方案等重大事项。农民专业合作社联合社的成员大会选举和表决，实行一社一票。

（4）农民专业合作社联合社不设成员代表大会，可以根据需要设立理事会、监事会或者执行监事，理事长、理事应当由成员社选派的人员担任。

（5）农民专业合作社联合社可分配盈余的分配办法，按照本法规定的原则由农民专业合作社联合社章程规定。

（6）农民专业合作社联合社成员退社，应当在会计年度终了的六个月前以书面形式向理事会提出，退社成员的成员资格自会计年度终了时终止。

二、农民专业合作社联合社的设立

设立农民专业合作社联合社可参见农民专业合作社设立的内容，但要关注以下两点区别：

一是农民专业合作社联合社的成员要求：三个以上的农民专业合作社在自愿的基础上，可以出资设立农民专业合作社联合社。

二是农民专业合作社联合社的名称也是由"行政区划、字号、业务范围、组织形式"四部分组成，但组织形式统一为"农民专业合作社联合社"。

其他关于组织机构、住所、章程、成员出资等要求与农民专业合作社相同。

专家提示

农民专业合作社联合社发展需要把握的几个问题

联合与合作是农民专业合作社发展到一定阶段的必然需求。当前，我国农民专业合作社正处于从数量增长向质量提升的关键阶段，合作社之间的联合需求日益凸显，不同地区、不同产业中已经有大量自发形成或政府引导组建的联合社。全面认识当前我国农民专业合作社联合社发展现状和趋势，理清合作社联合社发展过程中需要把握的主要问题，对于进一步加强农民专业合作社联合社规范、引导其健康发展至关重要。

（一）正确认识农民专业合作社联合社的定位与功能

当前，我国农村经济组织名类繁多，包括农业产业化企业、农民专业合作社（联合社）、家庭农场、种养大户、农业社会化服务公司、供销合作社、产业联合体等等。这些组织在概念或法律上原本有清晰的定位和功能，而在基层实践中，经营主体对经营组织的选择却显得有些混乱。有的明明发挥着企业功能，却登记成农民专业合作社（联合社）；有的干脆同时挂上农业企业、家庭农场、农民专业合作社三块牌子，"哪块好用用哪块"；有的联合社形式上由农民专业合作社、家庭农场、农业企业等多家单位组成，实际上却是由某企业在运营；还有的联合社下面有多家合作社，这多家合作社和联合社的理事长实际是同一人，如此等等。出现这些组织乱象的原因，一方面是经营主体对组织形式的选择受政策导向影响较大，哪方面政策好就想办法注册成哪种类型的组织；另一方面是经营主体其实并不了解自身发展定位和各类组织的功能，发展过程中并不懂得如何进行组织选择和规范运营。实际上，联合社作为更高层面整合整个产业资源的重要主体，其功能定位应该与家庭农场、农民专业合作社有所区别。从实践来看，家庭农场更多侧重生产管理，农民合作社侧重生产服务，联合社则较多侧重于搭平台、建体系、拓市场、促营销。

（二）正确处理好规模扩张与经营能力的关系

追求规模效应是众多联合社成立的初衷。然而，受农业生产及农产品市场特点影响，联合社的发展规模并非越大越好。一是规模过大不利于农产品优质优价。农产品价格对农业生产具有很强的指导作用，某个产品价格好，农民跟风加大种植规模后，来年价格可能"一地鸡毛"。单个农户、单个合作社的生产规模固然不足以影响市场价格，但联合社一旦发展起来，所经营的农产品往往在县域、省域乃至全国范围都有相当程度的市场份额，对市场价格的影响不容忽视。二是规模过大会增加联合社的管理运营成本。联合社规模扩大和管理成本增加是同步的，当边际管理成本增加到等于边际收益时，再扩大规模就会产生规模不经济。三是规模过大增加了联合社的经营风险。联合社经营范围过于广泛或者经营单一产业规模过大，将对联合社的专业能力和资金流形成挑战，如果管理不善或现金流短缺，很容易导致产业失败。

（三）正确处理好效率优先与合作本质的关系

与单个农民合作社相比，联合社投入更大、运作更加市场化、经营管理更需讲求效率。目前很多联合社注册了下属企业或采用公司化模式运作管理，有的联合社中企业还处于核心主导地位。从世界范围内农民合作社及联合社发展规律来看，公司化运营是发展趋势，不仅更加适应市场经济发展要求，而且效率更高。从本质属性来看，联合社仍然属于农民合作社，必须遵循合作社法的基本精神和原则。一是要坚持农民所有。不论联合社采取何种方式运营，必须把握"姓农属农"属性，否则有可能沦为资本逐利的工具。二是要坚持农民所用。有些联合社由企业牵头成立，企业在联合社中起到核心主体作用，在企业带动下，联合社发展势头较好，但同时把握联合社为农民所用的原则也非常重要，例如有的联合社中的合作社仅作为企业流转农村土地之用，农民与土地完全分离，仅收取固定的土地租金，除此之外没有任何形式的返利和分红。此种类型的联合社就违背了农民合作社的组织原则和相关法律精神。三是要坚持农民受益。农民专业合作社法对合作社的盈余分配进行了明确规定，联合社也应该遵守其规定，然而，有些联合社没有对成员社进行盈余分配，二次返利也依据股权结构进行分配，成员社占的股份很小，得到的收益也很少，导致成员加入联合社的积极性不高，其发展自然不具可持续性。

（四）正确处理好政府支持与市场发育的关系

农民合作社联合社规范发展离不开政府的引导和支持，但政府的引导支持要尊重市场规律。首先，联合社属于市场法人主体，要发挥市场在资源配置中的决定性作用，让联合社成为自主经营、自负盈亏的市场主体，政府不宜对其产业选择、内部管理等经营行为进行干预。其次，政府可通过完善交通、物流等公共基础设施、加强农业科技研发、推广普惠教育和培训等手段，扶持引导联合社规范发展。目前，一些地方的联合社发展过程中还存在较多的政府不恰当干预情况。如一些地方农经部门从工作政绩角度出发，选择支持几家合作社组建联合社，超越了市场主体自身的发展阶段，忽视了市场主体本身对联合需求及其机制的探索，这些合作社自己都觉得联合起来没有多大意义，联合社层面的经营管理也就流于形式。有的地方甚至对联合社的数量提出要求，在数量导向下，产生了一些不成熟的联合社。

第四节　农民专业合作社的合并、分立、解散、清算和破产

一、农民专业合作社合并

农民专业合作社的合并，是指两个或两个以上的合作社，为了某种共同的经营目的如扩大生产经营规模、更好地为成员服务、经营上互补等合并成一个合作社的情形。

1. 农民专业合作社合并的方式

（1）吸收合并，是指在两个或两个以上的农民专业合作社合并时，其中一个合作社把其他合作社吸收过来的合并。吸收合并的吸收方合作社存续，被吸收的合作社解散，法人资格消灭。合并后存续的合作社应当到市场监管部门办理变更登记，被吸收的合作社应当到市场监管部门办理注销登记。

（2）新设合并，是指两个或者两个以上的农民专业合作社合并成为一个新

合作社的法律行为。采用新设合并方式的，原合作各方的合作社解散，并到市场监管部门办理注销登记。

2. 农民专业合作社合并的程序

（1）作出合并决议。依据《农民专业合作社法》规定，合作社的合并决议应由成员大会作出。农民专业合作社召开成员大会，出席人数应达到成员总数的三分之二以上。成员大会形成合并决议，应当由本社成员表决权总数的三分之二以上通过。

（2）通知债权人。农民专业合作社合并，应当自合并决议作出之日起十日内通知债权人。合并各方的债权、债务应当由合并后存续或者新设的合作社承继。

（3）签订合并协议。合作社合并协议是两个或者两个以上的合作社就有关合并事项达成一致意见的书面意思表示形式。合并各方合作社在合并协议上签名、盖章后，合并协议产生法律效力。

（4）合并登记。合并登记包括了注销登记、变更登记和设立登记。因合并而解散的合作社应当办理注销登记；因合并而存续的合作社应当办理变更登记；因合并而新设的合作社应当办理设立登记。

二、农民专业合作社分立

农民专业合作社的分立，是指一个农民专业合作社依法分成两个或者两个以上的农民专业合作社的法律行为。

1. 农民专业合作社的分立方式

（1）新设分立，是指将一个农民专业合作社依法分割为两个或者两个以上新的农民专业合作社的法律行为。新设分立的原合作社解散，办理注销登记，分立后的各个合作社办理设立登记。

（2）派生分立，是指在原合作社保留的基础上，对其财产进行分割，另外派生出一个或多个新合作社的法律行为。原合作社应当依法办理财产、成员等情况变化的变更登记，派生出的新合作社依法办理设立登记。

2. 农民专业合作社分立的程序

农民专业合作社的分立程序与合并程序基本相同，包括依法由成员大会作出分立决议；通知债权人；签订分立协议，进行财产分割；办理分立登记。

《农民专业合作社法》对合作社分立前债务的承担有以下规定：分立前的债务由分立后的组织承担连带责任，但是，在分立前与债权人就债务清偿达成的书面协议另有约定的除外。

三、农民专业合作社解散

农民专业合作社的解散是指因法律规定的事由而停止业务活动，最终使法人资格消失的法律行为。

农民专业合作社因下列原因解散：章程规定的解散事由出现；成员大会决议解散；因合并或者分立需要解散；依法被吊销营业执照或者被撤销。

农民专业合作社的解散分为自行解散和强制解散两种情况。自行解散，也称自愿解散，是指依合作社章程或者成员大会决议而解散。强制解散是指因政府有关机关的决定或者法院的判决而发生的解散。

农民专业合作社一经解散，就不能再以合作社的名义从事经营活动，除因合并或者分立需要解散的情形外，应当进行清算，依法妥善处置好财产和债权债务问题。合作社清算完结，其法人资格消灭。

四、农民专业合作社清算

1. 清算组的组成

农民专业合作社的清算应当在解散事由（因合并或者分立需要解散的除外）出现之日起十五日内由成员大会推举成员组成清算组，开始解散清算。逾期不能组成清算组的，成员、债权人可以向人民法院申请指定成员组成清算组进行清算，人民法院应当受理该申请，并及时指定成员组成清算组进行清算。

2. 清算组职责

清算组自成立之日起接管农民专业合作社，负责处理与清算有关未了结业务，清理财产和债权、债务，分配清偿债务后的剩余财产，代表农民专业合作社参与诉讼、仲裁或者其他法律程序，并在清算结束时办理注销登记。

清算组应当自成立之日起十日内通知农民专业合作社成员和债权人，并于六十日内在报纸上公告。债权人应当自接到通知之日起三十日内，未接到通知的自公告之日起四十五日内，向清算组申报债权。如果在规定期间内全部成员、债权人均已收到通知，免除清算组的公告义务。

债权人申报债权，应当说明债权的有关事项，并提供证明材料。清算组应当对债权进行审查、登记。在申报债权期间，清算组不得对债权人进行清偿。

清算组负责制定包括清偿农民专业合作社员工的工资及社会保险费用，清偿所欠税款和其他各项债务，以及分配剩余财产在内的清算方案，经成员大会通过或者申请人民法院确认后实施。清算组发现农民专业合作社的财产不足以清偿债务的，应当依法向人民法院申请破产。

清算组成员应当忠于职守，依法履行清算义务，因故意或者重大过失给农民专业合作社成员及债权人造成损失的，应当承担赔偿责任。

3. 国家财政直接补助形成财产的处理

农民专业合作社接受国家财政直接补助形成的财产，在解散、破产清算时，不得作为可分配剩余资产分配给成员，具体按照国务院财政部门有关规定执行。

五、农民专业合作社破产

农民专业合作社破产，是指合作社不能清偿到期债务时，为保护债权人的利益，依法定程序，将合作社的财产在全体债权人之间按比例公平清偿，不足部分不再清偿的法律制度。

只有人民法院有权宣告农民专业合作社破产，债权人和本合作社可向人民法院申请宣告破产。

农民专业合作社破产适用企业破产法的有关规定。但是，破产财产在清偿破产费用和共益债务后，应当优先清偿破产前与合作社成员已发生交易但尚未结清的款项。

优先清偿破产前与合作社成员已发生交易但尚未结清的款项的规定，充分考虑了农民专业合作社的自愿联合、民主管理的互助性经济组织的特性，充分考虑了合作社的盈余主要按照成员与合作社的交易量（额）比例返还的特性，充分体现了合作社服务成员、保障成员利益的原则。

在优先清偿破产前与合作社成员已发生交易但尚未结清的款项后，尚有剩余的破产财产按以下顺序清偿：首先，清偿所欠职工的工资和欠缴的养老、医疗、社会保险费用；其次，清偿所欠的税款；第三，清偿普通债权人的债权。

📚 知识链接

合作社解散、破产清算时接受财政补助财产的处理

《农民专业合作社法》第五十三条规定：农民专业合作社接受国家财政直接补助形成的财产，在解散、破产清算时，不得作为可分配剩余资产分配给成员，具体处置方式按照国务院财政部门的有关规定执行。

农民专业合作社接受财政直接补助收入的资金一般通过专项应付款核算，使用时由专项应付款转入专项基金。国家财政直接补助是国家为扶持农民专业

合作社的发展，提高合作社的服务水平和竞争能力，使成员通过合作社获得更多收入，让成员充分分享合作社的利益而发放的。这对于资金缺乏、规模弱小、尚处于初始阶段的农民专业合作社具有显著的扶持作用。国家财政直接补助不是补助合作社中的某个成员，因此其形成的财产，不能在清算时分配给成员。

为了健全现代农民专业合作社资产管理制度，规范农民专业合作社解散、破产清算行为，财政部、农业农村部于2019年6月联合发布了《农民专业合作社解散、破产清算时接受国家直接财政补助形成的财产处置办法》，该办法对于规范农民专业合作社解散、破产清算行为具有重要意义。

农民专业合作社解散、破产时国家财政直接补助形成的资产如何处置呢？

剩余财产中国家财政直接补助形成的财产，应当优先划转至原农民专业合作社所在地的其他农民专业合作社，也可划转至原农民专业合作社所在地的村集体经济组织或者代行村集体经济组织职能的村民委员会。

因农业结构调整、生态环境保护等原因导致农民专业合作社解散、破产清算的，剩余财产中国家财政直接补助形成的财产，应当优先划转至原农民专业合作社成员新建的农民专业合作社，促进转产转业。

涉及剩余财产中国家财政直接补助形成的财产划转的，清算组应当将划转情况反映在清算方案中，并将清算方案报县级农业农村部门、财政部门备案，同时做好相关财务账目、原始凭证等资料的移交工作。

负责组织实施农民专业合作社财政补助项目及资金拨付的县级以上人民政府有关部门及其工作人员，违反本办法规定及存在其他滥用职权、玩忽职守、徇私舞弊等违法违纪行为的，依照《中华人民共和国农民专业合作社法》《中华人民共和国公务员法》《中华人民共和国监察法》《财政违法行为处罚处分条例》等国家有关规定追究相应责任；涉嫌犯罪的，依法移送有关机关处理。

清算组成员因故意或者重大过失造成国家直接补助形成的财产流失的，依法追究法律责任。

负责组织实施农民专业合作社财政补助项目及资金拨付的县级以上人民政府有关部门，应当依据各自职责，加强对农民专业合作社接受国家财政直接补助形成的财产处置的指导和监管。

第二章
农民专业合作社组织管理

内容提要

农民专业合作社成员的资格与条件、权利与义务、退社与除名的相关知识。

农民专业合作社成员大会召开、成员大会职权。

农民专业合作社理事会、监事会的相关知识。

案例导入

龙江××水稻专业合作社的成员大会

龙江××水稻专业合作社因要加入联合社等原因，于2021年6月8日由理事会提议召开成员大会。合作社有成员120人，由于有的成员在外地打工，有的成员探亲、办事等原因，成员大会于2021年7月3日才召开。

出席会议的成员人数为93人，该合作社无附加表决权。关于加入联合社的决议75人表决同意，占出席会议表决权的三分之二以上，所以通过了合作社加入联合社的决议。

由于合作社人数较多，成员大会又表决通过了设立成员代表大会的决议，并选举了三十名代表。成员大会还通过了增补李某为合作社理事和增补王某为合作社监事的决议（李某为经管站的聘用人员，王某在另一水稻合作社也担任监事）。

思考：请指出龙江××水稻专业合作社成员大会违反法律规定之处？

第一节　农民专业合作社成员管理

一、农民专业合作社成员的资格与条件

根据《中华人民共和国农民专业合作社法》的规定：具有民事行为能力的公民，从事与农民专业合作社业务直接有关的生产经营活动的企业、事业单位或者社会组织，能够利用农民专业合作社提供的服务，承认并遵守农民专业合作社章程，履行章程规定的入社手续的，可以成为农民专业合作社的成员。

值得注意的是，《农民专业合作社法》第十九条明确规定：具有管理公共事务职能的单位不得加入农民专业合作社。这里所说的具有管理公共事务职能的单位，不仅包括各级政府及其有关部门等行政机关，还包括根据法律、法规授权具有管理公共事务职能的其他组织，即国家机关以外的组织，如经授权的事业单位、企业单位及社会组织等。

因为这些单位面向社会提供公共服务，保持中立性与否可能影响公共管理和公共服务的公平。不论此类单位所执行的公共事务管理职能与农民专业合作社的经营业务是否有关，均不允许加入农民专业合作社。已经以组织身份加入农民专业合作社的，应当根据《农民专业合作社法》的规定退出合作社。

在成员数量上，《农民专业合作社法》也有明确规定：农民专业合作社的成员中，农民至少应当占成员总数的百分之八十；成员总数二十人以下的，可以有一个企业、事业单位或者社会组织成员；成员总数超过二十人的，企业、事业单位和社会组织成员不得超过成员总数的百分之五。

二、农民专业合作社成员的权利与义务

1. 农民专业合作社的成员享有的权利

（1）参加成员大会，并享有表决权、选举权和被选举权，按照章程规定对本社实行民主管理。

（2）利用本社提供的服务和生产经营设施。农民专业合作社以服务成员为宗旨，谋求全体成员的共同利益。作为农民专业合作社的成员，有权利用本社提供的服务和本社置备的生产经营设施。

（3）按照章程规定或者成员大会决议分享盈余。农民专业合作社获得的盈

余依赖于成员产品的集合和成员对合作社的利用，本质上属于全体成员。可以说，成员的参与热情和参与效果直接决定了合作社的效益情况。因此，法律保护成员参与盈余分配的权利，成员有权按照章程规定或成员大会决议分享盈余。

（4）查阅本社的章程、成员名册、成员大会或者成员代表大会记录、理事会会议决议、监事会会议决议、财务会计报告和会计账簿。成员是农民专业合作社的所有者，对农民专业合作社事务享有知情权，有权查阅相关资料，特别是了解农民专业合作社经营状况和财务状况，以便监督农民专业合作社的运营。

（5）章程规定的其他权利。

农民专业合作社在从事生产经营活动时，为了实现全体成员的共同利益，还需要对外承担一定义务，这些义务需要全体成员共同承担，以保证农民专业合作社及时履行义务和顺利实现成员的利益。

2. 农民专业合作社的成员应当履行的义务

（1）执行成员大会、成员代表大会和理事会的决议。成员大会和成员代表大会的决议，体现了全体成员的共同意志，成员应当严格遵守并执行。

（2）按照章程规定向本社出资。明确成员的出资通常具有两个方面的意义：一是以成员出资作为组织从事经营活动的主要资金来源。二是明确组织对外承担债务责任的信用担保基础。成员加入合作社时是否出资以及出资方式、出资额、出资期限，都需要由农民专业合作社通过章程自己决定，法律上没有统一规定。

（3）按照章程规定与本社进行交易。农民加入合作社是要解决在独立的生产经营中个人无力解决、解决不好或个人解决不合算的问题，因此要利用和使用合作社所提供的服务。成员按照章程规定与本社进行交易既是成立合作社的目的，也是成员的一项义务。成员与合作社的交易，可能是交售农产品，也可能是购买生产资料，还可能是有偿利用合作社提供的技术、信息、运输等服务。成员与合作社的交易情况，应当记载在该成员的账户中。

（4）按照章程规定承担亏损。由于市场风险和自然风险的存在，农民专业合作社的生产经营可能会出现波动，有的年度有盈余，有的年度可能会出现亏损。合作社有盈余时分享盈余是成员的法定权利，合作社亏损时承担亏损也是成员的法定义务。

（5）章程规定的其他义务。

三、农民专业合作社成员的退社与除名

1. 农民专业合作社成员的退社

农民专业合作社成员退社是自由的，如果成员要求退社，应当在会计年度终了的三个月前向理事长或者理事会提出书面申请；其中，企业、事业单位或者社会组织成员退社，应当在会计年度终了的六个月前提出；如果合作社章程另有规定的，从其规定。退社成员的成员资格自会计年度终了时终止。

2. 农民专业合作社成员的除名

农民专业合作社成员不遵守农民专业合作社的章程、成员大会或者成员代表大会的决议，或者严重危害其他成员及农民专业合作社利益的，可以予以除名。

成员的除名，应当经成员大会或者成员代表大会表决通过。对于要除名的成员，应当为该成员提供陈述意见的机会，让其充分表达自己的意见并进行申辩，最终决定是否予以除名。被除名成员的成员资格自会计年度终了时终止。

知识链接

成员资格终止的后续问题

成员在其资格终止前与农民专业合作社已订立的合同，应当继续履行；章程另有规定或者与本社另有约定的除外。

成员资格终止的，农民专业合作社应当按照章程规定的方式和期限，退还记载在该成员账户内的出资额和公积金份额；对成员资格终止前的可分配盈余，依法向其返还。

资格终止的成员应当按照章程规定分摊资格终止前本社的亏损及债务。

第二节 农民专业合作社成员大会

一、农民专业合作社成员大会的召开

农民专业合作社成员大会由全体成员组成，是合作社的权力机构，农民专

业合作社的重要事项由成员大会作出决议。农民专业合作社召开成员大会，对出席人数、表决通过票数、召开次数和召开临时成员大会的情形等有相关的要求。

（1）出席人数：农民专业合作社召开成员大会，出席人数应当达到成员总数三分之二以上。这是最低人数限制，达不成员总数三分之二以上的，成员大会不能召开。

（2）表决通过票数：成员大会选举或者作出决议，应当由本社成员表决权总数过半数通过。作出修改章程或者合并、分立、解散，以及设立、加入联合社的决议应当由本社成员表决权总数的三分之二以上通过。章程对表决权数有较高规定的，从其规定。

专家提示

成员的附加表决权

农民专业合作社成员大会选举和表决，实行一人一票制，成员各享有一票的基本表决权。

出资额或者与本社交易量（额）较大的成员按照章程规定，可以享有附加表决权。 本社的附加表决权总票数，不得超过本社成员基本表决权总票数的百分之二十。 享有附加表决权的成员及其享有的附加表决权数，应当在每次成员大会召开时告知出席会议的全体成员。

（3）召开次数：农民专业合作社成员大会每年至少召开一次，会议的召集由章程规定。

（4）召开临时成员大会的情形：百分之三十以上的成员提议；执行监事或者监事会提议；章程规定的其他情形。有以上情形之一的，应当在二十日内召开临时成员大会。

专家提示

成员代表大会

如果农民专业合作社的成员较多，召开成员大会不易操作，一般情况要确定代表，召开成员代表大会。关于成员代表大会，要明确以下两点。

（1）农民专业合作社成员超过一百五十人的，可以按照章程规定设立成员代表大会。成员代表大会按照章程规定可以行使成员大会的部分或者全部职权。

（2）依法设立成员代表大会的，当合作社人数超过510人时，成员代表人数一般为成员总人数的百分之十，最低人数为五十一人。

二、农民专业合作社成员大会的职权

农民专业合作社的成员大会由农民专业合作社的全体成员组成，成员大会是农民专业合作社的权力机构，负责就合作社的重大事项作出决议，集体行使权力。成员大会以会议的形式行使权力，而不采取常设机构或者日常办公的方式。成员参加成员大会是法律赋予所有成员的权利，也是合作社"成员地位平等，实行民主管理"原则的体现，所有成员都可以通过成员大会参与合作社事务的决策和管理。

《农民专业合作社法》第二十九条规定，成员大会行使下列职权：

（1）修改章程。合作社章程的修改，需要由本社成员表决权总数的三分之二以上成员通过。

（2）选举和罢免理事长、理事、执行监事或者监事会成员。理事会（理事长）、监事会（执行监事）分别是合作社的执行机关和监督机关，其任免权应当由成员大会行使。

（3）决定重大财产处置、对外投资、对外担保和生产经营活动中的其他重大事项。上述重大事项是否可行、是否符合合作社和大多数成员的利益决定。

（4）批准年度业务报告、盈余分配方案、亏损处理方案。年度业务报告是对合作社年度生产经营情况进行的总结，对年度业务报告的审批结果体现了对理事会（理事长）、监事会（执行监事）一年工作的评价。盈余分配和亏损处理方案关系到所有成员获得的收益和承担的责任，成员大会有权对其进行审批。经过审批，成员大会认为方案符合要求的则可予以批准，反之则不予批准。不予批准的，可以责成理事长或者理事会重新拟定有关方案。

（5）对合并、分立、解散、清算，以及设立、加入联合社等作出决议。合作社的合并、分立、解散、清算关系合作社的存续状态，设立、加入联合社关系到合作社的发展，与每个成员的切身利益相关。因此，这些决议至少应当由本社成员表决权总数的三分之二以上通过。

（6）决定聘用经营管理人员和专业技术人员的数量、资格和任期。农民专业合作社是由全体成员共同管理的组织，成员大会有权决定合作社聘用管理人员和技术人员的相关事项。

（7）听取理事长或者理事会关于成员变动情况的报告，对成员的入社、除名等作出决议。成员变动情况和成员的入社、除名关系到合作社的规模、资产和成员获得收益和分担亏损等诸多因素，成员大会有必要及时了解成员增加或者减少的变动情况。

（8）公积金的提取及使用。公积金的提取和使用关系到成员的切身的利益，必须由成员大会作出决议。

（9）章程规定的其他职权。除上述职权外，章程对成员大会的职权还可以结合本社的实际情况作其他规定。

第三节　农民专业合作社理事会

农民专业合作社理事长或者理事会是合作社的执行机构。农民专业合作社一般由理事长或理事会负责其具体经营管理工作。理事长或者理事会可以按照成员大会的决定，聘任经理和财务会计人员。

理事长、理事会由成员大会从本社成员中选举产生，其产生办法、职权、任期、议事规则由章程规定。理事长、理事会对成员大会或成员代表大会负责。

按照《农民专业合作社法》规定，合作社都要设理事长，且理事长为本社的法定代表人。但理事会可以设立，也可以不设立。合作社是否设立理事会及理事的人数，应由合作社章程规定。规模较小、成员人数很少的合作社，可以依据成员意见，只设立理事长，负责合作社的经营管理。规模再小的合作社，也必须设理事长一名，因为合作社需要由理事长作为合作社的法定代表人。

一、农民专业合作社理事长的职权

农民专业合作社理事长职权包括：主持成员大会，召集并主持理事会会议；签署合作社成员出资证明；签署聘用或者解聘合作社经理、财务会计人员和其他专业人员聘书；组织实施成员大会和理事会决议，检查决议实施情况；代表合作社签订合同等；履行成员大会授予的其他职权。

二、农民专业合作社理事会的职权

农民专业合作社理事会的具体职权包括：组织召开成员大会并报告工作，执行成员大会决议；制定合作社发展规划、年度业务经营计划、内部管理规章制度等，提交成员大会审议；制定年度财务预算决算、盈余分配和亏损弥补等方案，提交成员大会审议；组织开展成员培训和各种协作活动；管理合作社的资产和财务，保障合作社的财产安全；接受、答复、处理执行监事提出的有关质询和建议；决定成员奖励、处分等事项；决定聘任或者解聘合作社经理、财务会计人员和其他专业技术人员；履行成员大会授予的其他职权。

📚 **知识链接**

农民专业合作社理事长的素养要求

农民专业合作社理事长具有相关专业知识、技能和企业家精神素养是推动合作社健康发展的重要因素，也是考察其胜任能力的重要指标。农民专业合作社理事长的素养要求包括以下五个方面。

一是理事长具备《农民专业合作社法》的知识、所属行业的相关信息、农业生产及农产品深加工的相关知识、农产品销售知识是合作社健康发展的重要基础。山东××中草药种植专业合作社理事长，利用自己多年种植、销售中药材的经验，带领合作社成员以市场为导向，组织社员种植薄荷、木香、荆芥、益母草、药菊、丹参等中药材，并全方位为社员提供生产、技术、营销等服务。目前该中草药种植专业合作社种植中草药面积达 2000 多亩，为 10 多个中草药销售商提供货源，辐射带动周边 31 个村 475 户药农实现创收。

二是理事长具有坚韧的性格、友善的亲和力、实现个人价值的成就动机是实现合作社健康发展的重要保障。理事长强烈的社会责任感使合作社成员对合作社理事长充满信心，对合作社的未来充满信心，对自己的未来收益有一个好的预期。昌乐县××瓜菜专业合作社理事长任职合作社理事长的目的就是为了改善乡村的贫穷面貌，实现全村增收致富。在改变旧的种植模式，引进高附加值种植品种的过程中，敢于担风险，在推广大棚蔬菜种植和韭菜轮作过程中先行先试，为缺少建棚资金的合作社成员协调资金、为缺乏种植技术的农户聘请技术员，极大地调动了合作社社员的积极性，为合作社扩大种植规模、提高农产品质量、获得农产品"三品一标"认证、提高农产品品牌的知名度创造了有利的条件。

三是理事长具有良好的经营管理能力和市场开拓能力是引导合作社健康发展的重要因素。青岛××蔬菜专业合作社理事长，从美国引进红皮圆葱种子，带动了青岛仁兆镇及周边地区圆葱种植面积的扩大。根据全国各地经纬度不同，在甘肃庆丰、河南新野、云南康华等地种植圆葱面积达1300多亩，并利用电子商务平台将圆葱卖往日本、韩国，全年出口创汇3000多万美元。合作社的蔬菜加工厂提升了农产品附加值，蔬菜产业联盟的种植基地遍及全国，真正实现了"买中国、卖世界"的合作经营模式。

四是理事长的外部社会资源整合能力、组织协调能力是驱动农民专业合作社发展的重要动力。山东××粮棉果蔬种植专业合作社理事长具有很强的组织协调能力和整合社会资源能力，与袁隆平院士合作研发海水稻秸秆种植食用菌；与中国农业科学院合作建设"国家食用菌改良中心"；在中国农业科学院食用菌首席科学家张金霞的支持下，采用国际领先的"六位一体"技术，建设先进的食用菌观光工厂。与中国农业科学院等六家科研院所及高校建立了良好的合作关系，形成了科研、种植、推广一体化的现代农业体系，强大的科研支撑为专业合作社发展添加新的活力。

五是理事长的学习能力、创新能力是合作社扩大经营的持续推动力。青岛××蔬菜专业合作社理事长带领他的合作社创新发展模式，在温室里严格控制光照、湿度、温度等条件，培育的盆栽葡萄既能观赏也能品尝，且可以在不同季节上市，700多盆盆栽葡萄以八百元到几千元不等的价格销售一空，附加值是种植蔬菜的10倍。山东××粮棉果蔬种植专业合作社理事长在传统销售模式的基础上，注册"山东××电子商务有限责任公司"，成立销售平台，以"从标准化基地到餐桌绿色鲜配""自建物流全方位保证食品安全""一荤一素一蘑菇"搭配合理膳食结构为经营理念，实现优品优价，保证消费者以最快的途径、合理的价格，吃上最安全的农副产品。合作社农产品已成功落户北京和上海农产品批发市场，并与餐饮连锁企业签订销售协议，预计年销售总额可达2亿元。

三、农民专业合作社理事长、理事和管理人员的相关要求

农民专业合作社的理事长、理事和管理人员不得有下列行为：

侵占、挪用或者私分本社资产；违反章程规定或者未经成员大会同意，将本社资金借贷给他人或者以本社资产为他人提供担保；将他人与本社交易的佣

金归为己有；从事损害本社经济利益的其他活动。

农民专业合作社的理事长、理事、经理不得兼任业务性质相同的其他农民专业合作社的理事长、理事、监事、经理；执行与农民专业合作社业务有关公务的人员，不得担任农民专业合作社的理事长、理事、监事、经理或者财务会计人员。

📚 知识链接

农民专业合作社理事会成员的报酬问题

我国的农民专业合作社起步较晚，一般对理事会成员提倡奉献精神，不少理事会成员在合作社不领取报酬。这种状况在合作社规模较小的初期，矛盾尚不突出；随着规模扩大，合作社业务量增加，在没有外聘总经理的情况下，理事长实际上承担了总经理的工作，一些副理事长、理事也承担了相应的管理工作，不领取报酬，会严重影响合作社的经营绩效。

北京郊区一家农民专业合作社成立时注册资金全部为理事长一人所出，按照《农民专业合作社法》，在盈余分配时成员出资的分配占比最多为40%，理事长感到满意。但随着国家财政补贴的注入，以及合作社提取公积金的增加，初始投资在盈余分配中所占的比例越来越小，理事长的满意度越来越低，后经成员大会表决通过，对理事长和其他参与经营管理的理事会成员发放相当于类似规模企业经营管理人员的报酬，合作社才得以顺利运转下去。该案例说明，与贡献相匹配的报酬制度是合作社可持续发展的必要条件。

当前，全国合作社已发展到220多万家，每家规模、经营状况等差距很大，泛泛而谈理事会成员是否应该领取报酬没有意义。有的合作社年末召开成员大会暨盈余分配大会时，还要给每个到会成员发一桶油、一袋米，以鼓励成员的积极性，那么理事会成员为什么只能凭思想觉悟为成员服务呢？

在市场经济条件下，每种要素的贡献都要在报酬上得到体现，理事会成员的管理工作也是贡献，应得到相应补偿。具体说来，大概分为以下四种情况。

一是经营业务量很少的合作社理事会主要为成员提供信息、联络等服务，或者是对接龙头企业服务，一般不需要领取报酬，如果合作社有盈余，可领取少量的补贴。

二是理事长尽力为成员服务，合作效果也非常明显，合作的目的是共同购买生产资料，而生产资料就是理事长经营的企业提供的，尽管对成员实施优惠价格，但理事长为此获利是显而易见的。这种情况下，理事长显然不应该领取报酬或者补贴，反而应该按交易量提取一定比例的销售利润作为合作社盈余分配给成员。

三是合作社业务量较大，理事会无力承担经营业务，外聘总经理和相关经营管理人员，这样，理事会成员可以领取少量且合理的工作补贴。

四是合作社业务量较大，理事长（或其他理事会成员）经营能力强，自行承担总经理职能，应该按照同类、同规模企业标准支付报酬。如黑龙江省克山县仁发现代农机合作社，2400多户成员入股土地5.6万亩，由理事长负责经营，成员代表大会提出按总盈余的3%提取管理费用，用于弥补合作社在经营过程中发生的所有支出，其中，20%为理事长个人报酬。这一制度设计体现了理事长个人和其他经营管理人员对于合作社发展的贡献，是该合作社可持续发展的关键环节之一，也应该作为经验向其他合作社推广。

第四节　农民专业合作社监事会

执行监事或者监事会是农民专业合作社的监督机构。农民专业合作社设执行监事的，不再设监事会。执行监事或者监事会，由成员大会从本社成员中选举产生，对成员大会负责。执行监事或监事会的职权由合作社章程具体规定，通常包括：监督、检查合作社的财务状况，对理事长或者理事会、经营管理人员的职务行为进行监督，提议召开临时成员大会等。设立执行监事或监事会，是为加强合作社的内部监督，防止合作社的有关负责人滥用职权。

依照《农民专业合作社法》的规定，农民专业合作社可以设置一名执行监事，也可以由多人组成监事会，合作社设立执行监事或者监事会，应根据需要而定，在章程中加以规定，并在章程中规定执行监事或者监事会的任期和议事规则。

一、农民专业合作社监事会的职权

农民专业合作社监事会的具体职权包括以下七点内容：

（1）监督理事会对成员大会决议和本合作社章程的执行情况。

（2）监督检查本合作社的生产经营业务情况，负责本合作社财务稽核工作。

（3）监督理事和经营管理负责人履行职责情况，发现侵害本合作社利益行为时，有权要求理事会予以纠正，对造成本合作社重大经济损失的，提请理事会或者成员大会按照本章程的规定，追究当事人的经济赔偿责任。

（4）向成员大会做年度监察报告；向理事会提出工作质询和改进工作的建议。

（5）提议召开临时成员大会。

（6）代表本合作社负责记录理事与本合作社发生业务交易时的交易量（额）情况。

（7）履行成员大会授予的其他职责。

二、农民专业合作社监事会成员的相关要求

农民专业合作社监事作为对合作社运营、财务、管理等工作和人员的监督、检查人员，应对合作社的全体成员负责，《农民专业合作社法》对监事的任职条件有以下的要求：

（1）合作社现任理事长、理事、经理和财务会计人员不得兼任监事。

（2）其他业务性质相同的合作社的理事长、理事、经理不得兼任本社的监事。

（3）执行与农民专业合作社业务有关公务的人员，不得担任农民专业合作社监事。

📚 知识链接

农民专业合作社社务公开

实行社务公开，是合作社加强民主管理、推进民主监督的基本工作要求；是全面落实《农民专业合作社法》的"民办、民管、民受益"原则的前提条件，是落实国家关于农民专业合作社的相关政策和提高农民专业合作社服务质量的重要措施。

社务公开的内容主要有经营情况、财务状况、成员情况、获得优惠政策情况、人力资源情况、投资情况、费用支出情况等。

社务可以通过公开栏、公开信或者是召开会议的形式定期或不定期地进行公开。理事会负责听取意见和投诉并及时答复，对于突出问题坚决纠正。

监事会负责监督社务公开，一般情况下：

（1）对不按规定进行社务公开的，监事会可以责令其限期公开。

（2）对弄虚作假、欺瞒社员的，给予有关责任人员批评教育，并责令其改正；对拒不改正或者情节严重及有打击报复行为的，可以建议理事会按程序对有关责任人员予以罢免职务和除名。

（3）对社务公开中发现有挥霍、侵占、挪用、贪污合作社财物及其他违法行为的，应当及时处理，对其中构成犯罪的，移交司法机关依法处理。

第三章
农民专业合作社生产管理

内容提要

合作社农产品生产基地的创建，创建意义及原则。

农业标准化的内涵，合作社实施农业标准化的相关内容。

农产品质量安全认证及检验，合作社无公害农产品认证，合作社绿色食品认证，合作社有机食品认证。

案例导入

哈尔滨××水稻专业合作社的绿色食品认证

哈尔滨××水稻专业合作社成立于 2009 年 12 月 24 日，经营范围包括组织成员种植水稻，为成员提供水稻种植技术咨询、技术推广服务，为成员采购生产资料，销售成员种植的水稻。

哈尔滨××水稻专业合作社现有成员 566 户，水稻种植面积 15000 亩，全部达到绿色食品标准，创立了绿色水稻系列产品，取得了绿色食品认证。合作社做到七统一：统一选种、统一催芽、统一购买有机肥料、统一田间管理、统一技术培训、统一收购加工、统一销售。

哈尔滨××水稻专业合作社以绿色有机大米为主，2004 年取得了国家的无公害产品认证，2017 年取得了国家的绿色食品认证，水稻全部达到绿色种植标准，有部分已经达到有机产品标准，目前正在申办有机产品证书，正处于绿色—有机的转型期。

思考：绿色食品认证对哈尔滨××水稻专业合作社生产经营起到的影响？

第一节　建立农民专业合作社农产品生产基地

一、农产品生产基地的概念

农产品生产基地也称"农产品商品基地"，是指在全国或地区商品经济中占重要地位的某种农产品的集中生产地区，主要有粮食生产基地、棉花生产基地、油料生产基地、糖料生产基地、热带作物生产基地、蔬菜生产基地、林业生产基地、牧业生产基地和渔业生产基地等。

就合作社来讲，农产品生产基地就是为了满足某种特定需求，人为确定或形成的具有一定面积和产量规模的农产品生产区域，一般以合作社主营的某类农产品销售或农产品深加工为依托，结合当地的自然资源和经济资源优势，组织本合作社内的全体成员，统一生产某项农产品，最终形成一定规模，达到增产增收的目的。

农产品生产基地一般有以下三个方面的要求：一是强调生产的专业化和种植的区域化，使基地尽可能成方连片，形成规模；二是在基地管理上，强调生产技术规程的组织实施，实行标准化生产，推行农资供应、病虫害防治等统一服务；三是在运作模式上采取基地建设与日常管理相统一的运行机制，如"合作社＋农户""合作社＋公司＋农户"或"公司＋合作社＋农户"等运作模式，实现基地的生产、经营、管理的一体化发展。

二、农民专业合作社建设农产品生产基地的意义

建立农产品生产基地，一是可以充分利用当地资源，实现生产的专业化和种植的区域化，使基地尽可能成方连片，形成规模优势，有利于提高农产品的产量和商品率。

二是通过采用先进技术装备，开展农产品加工，强调生产技术规程的组织实施，促进优化农产品区域布局和延长农业产业链条，提升农产品的综合利用水平，有利于提高农业综合效益。

三是通过构建产前、产中、产后的一体化经营模式，实行专业化、集约化经营，推行农资供应、病虫害防治等统一服务，有利于吸纳农村富余劳动力就

业，增加农民收入。

三、农民专业合作社建设农产品生产基地的原则

农民专业合作社在创建农产品生产基地时要遵循的原则如下。

1. 以市场需求为导向

要根据市场的现实需求和潜在需求来选择生产项目，发展优质、安全、生态、方便、营养的农产品，以开拓国内和国际市场为目标，不断适应和满足市场需求。

2. 发挥区域比较优势

因地制宜，充分发挥其资源、经济、市场和技术优势，依托优势农产品专业化生产区域，发展优势、特色农产品加工业，逐步形成农产品和加工产业带，实现农产品加工业原料基地的有机结合。

3. 适度规模经营

建设农产品基地，要与发展农产品加工业的规模和市场需求相适应。

4. 积极引进新品种，采用先进实用技术

要依靠新科技，解决产品科技含量低、单产水平低、品质质量低、综合效益差等问题。积极引种、试种（养）和推广国内外的高效农业产品，促进农产品品种的改良和更新换代。保护和发展具有民族特色的传统技术，选用先进适用的技术和绿色、无公害生产技术装备，鼓励积极引进和开发高新技术。

5. 实施标准化生产，保证产品质量安全

推行标准化生产和产品质量认证，组织实施生产技术规程，实行标准化生产，做到统一培训、统一种植、统一管理、统一施药、统一施肥、统一采收。规范农药和肥料等投入品的购置、施用。建立和完善农产品的检验、检测和安全监控体系。积极申报农产品质量认证，以及出口企业的各种国际认证。培育具有地方特色的名牌农产品，提高基地产品的市场知名度和市场竞争力。

6. 发展和保护相结合

生产基地建设要坚持高标准、严要求，积极采取保护生态环境的措施，发展可持续农业。

四、农民专业合作社农产品生产基地的创建

1. 选择生产项目

生产项目有主导项目、补充项目和辅助项目之分，项目选择就是回答"想做、可做、能做、得做"的过程。

想做：是指一个项目的选择是在实现一个合作社的梦想，是战略决策中的一个重要方面。

可做：是指一个项目在客观上要属于好项目。

能做：是指该合作社有能力管理好这一项目。

得做：是指在满足了"想做、可做、能做"的情况下，合作社的项目选择就成为顺理成章的事情。

项目选择要从实体的角度出发进行判断，要确保信息的准确，要考虑选择权归属，要分析项目的预期效益，要考虑再投资和技术进步等，因此，项目选择是一门艺术。

2. 进行可行性研究

进行项目选择，要进行可行性研究，从项目建设的必要性、项目建设规模、项目的投资估算、项目的经济效益分析、项目建设方案的比较分析等方面进行综合分析论证，在得出有利的结论后，经社员大会或社员代表大会通过后，方可组织实施。对项目开展可行性研究，目的是使项目选择更为准确，避免造成决策失误。因此，进行可行性研究，就一定要客观公正，尽可能避免人为主观干预而成为"可批性研究"。

此外，也应该清醒地认识到，可行性研究的结论仅仅是一个项目取舍的建议，不能代替合作社对该项目的决策。此项目上与不上，一定要由社员大会或社员代表大会决定。从这个意义上说，项目可行性研究仅仅是项目决策的一个辅助环节，但它是一个重要的环节，不可或缺。

3. 确定运作模式

在运作模式的选择上，实力较强的合作社可以自建生产基地，采用"合作社＋农户"的运作模式，有利于增加合作社的整体收入，便于统一管理；经济实力不强的合作社，应积极与各类加工龙头企业、连锁超市联系，获得他们的支持，采用"公司＋合作社＋农户"的运作模式，与他们联合创办生产基地，实现基地的生产、经营、管理的一体化发展。

4. 做好质量管理

农民专业合作社的生产基地建设要根据自身条件，选择在交通便利、便于管理、不易受到污染的地方；要积极引进农业生产的新技术、新工艺，严格控制化肥农药的使用，建立健全质量控制措施；要按照国家无公害农产品、绿色食品或有机产品生产基地生产、操作和管理的要求，加强生产基地的管理，争取成为国家无公害农产品、绿色食品或有机农产品生产基地。

专家提示

建设农产品生产基地的注意事项

（1）制订科学合理的规划。要根据当地资源等优势及本地实际，制订科学合理的发展规划，防止盲目建设。

（2）建立良好的运营机制。专业合作社的基地要与龙头企业对接。龙头企业要通过定向投入、定向服务、定向收购等方式，与专业合作社及社员建立稳定的合同关系和利益联结机制。专业合作社要与社员结成经济利益共同体，向社员订购绿色、无公害原料并向农民给予一定的利润返还。

（3）充分利用新的科技成果。农民专业合作社要加强与大专院校、科研院所的联系，掌握和了解所生产经营产品的最新科技信息，加大绿色产品、无公害产品、环保产品和设施农业的推广力度，强化检疫检测，打优势牌，走特色路，创名牌。要大力推广新品种、新技术、新工艺，生产新产品，不断增加产品的科技含量。专业合作社可聘请技术人员巡回指导，请院校、科研单位专家举办讲座，办培训班对社员及农民进行培训。

（4）严格执行标准化生产和品牌化经营。

第二节　开展农业标准化生产

一、农业标准化的内涵

农业标准化，就是运用"统一、简化、协调、优化"的标准化原则，通过对农业生产的产前、产中、产后全过程制定标准和实施标准，达到促进先进农业科学技术迅速推广，确保农产品质量安全，规范农产品流通和交易秩序，提高农业的经济、社会和生态效益的目的。

农业标准化的内涵有以下几点。

（1）农业标准化是标准化在农业领域的运用，是以农业为对象的标准化活动。

（2）农业标准化旨在以市场为导向，建立健全规范的工艺流程和衡量标准，以保证农产品质量安全，规范农产品流通和交易秩序，从而提高农业的经济、社会和生态效益。

（3）农业标准化覆盖农业产前、产中、产后全过程。

（4）农业标准化活动包括了制定标准、实施标准和对标准实施进行监督三个环节。

二、合作社实施农业标准化的好处

在农业产业化的背景下，农民专业合作社实施农业标准化具有以下作用。

1. 农业标准化是合作社实行产业化经营的重要技术基础

随着农业产业化的发展，农业生产的社会化程度越来越高，生产规模越来越大，技术要求越来越严格，分工越来越细，生产协作越来越广泛。这种广泛的分工与合作必然要以统一的标准为依据。如辽宁省的朝阳某食用菌专业合作社，共有社员 800 多户，要实现标准化生产是一件十分复杂的工作，为了保证产品的质量，该合作社实行了菌种供应统一、栽培技术培训统一、专业技术人员指导统一、产品包装统一、产品采摘规格统一、运输储藏统一，通过一系列的标准统一运作，使得该合作社的绿色平菇顺利通过国家质检标准，"古果牌"平菇成为辽宁省朝阳市唯一供应 2008 年北京奥运会的专用食品。从这一点看，标准就是一种约束力，是一种能对农业现代化生产技术和管理进行干预的权威。

2. 农业标准化是实现合作社科学化管理的基础

（1）农业标准化为合作社管理提供目标和依据。农产品标准是农业生产目标在质量方面的具体化和定量化，各种农产品质量标准是生产经营活动在时间和数量方面的规律性反映。有了这些标准，便可为农民专业合作社编制生产计划、生产产品、保证产品质量等管理工作提供科学依据。

（2）农业标准化有利于合作社整个管理系统功能的发挥。通过制定各种技术标准和管理标准，可以在合作社、生产资料供应商、加工企业及农户间建立生产技术和管理上的统一性，以保证合作社整个管理系统功能的发挥。

（3）农业标准化为合作社创造了横向联合的条件。开展农业标准化可以使合作社管理系统与合作社外部约束条件相协调，不仅有利于合作社解决生产资料的供应问题，而且可以使合作社具有适应市场变化的能力，为合作社创造了横向联合的条件。

📚 知识链接

农业标准化具体内容

（1）农业基础标准是在一定范围内作为其他标准的基础并普遍使用的标准，主要是指在农业生产技术中所涉及的名词、术语、符号、定义、计量、包装、运输、储存、科技档案管理及分析测试标准等。

（2）种子、种苗标准主要包括农、林、牧、渔等种子、种苗、种畜、种禽、鱼苗等品种种性和种子质量分级标准、生产技术操作规程、包装、运输、储存、标志及检验方法等。

（3）产品标准是指为保证产品的适用性，对产品必须达到的某些或全部要求制定的标准，主要包括农林牧渔等产品的品种、规格以及质量分级、试验方法、包装、运输、储存、农机具标准、农资标准以及农业用分析测试仪器标准等。

（4）方法标准是指以试验、检查、分析、抽样、统计、计算、测定、作业等各种方法为对象而制定的标准，包括选育、栽培、饲养等技术操作规程、规范、试验设计、病虫害测报、农药使用、动植物检疫等方法或条例。

（5）环境保护标准是指为保护环境和有利于生态平衡，对大气、水质、土壤、噪声等环境质量、污染源检测方法以及其他有关事项制定的标准，如水质、水土保持、农药安全使用、绿化等方面的标准。

（6）卫生标准是指为了保护人体和其他动物身体健康，对食品饲料及其他方面的卫生要求而制定的农产品卫生标准，主要包括农产品中的农药残留及其他重金属等有害物质残留允许量的标准。

（7）农业工程和工程构件标准是指围绕农业基本建设中各类工程的勘察、规划、设计、施工、安装、验收以及农业工程构件等方面需要协调统一的事项所制定的标准，如塑料大棚、种子库、沼气池、牧场、畜禽圈舍、鱼塘、人工气候室等。

（8）管理标准是指对农业标准领域中需要协调统一的管理事项所制定

的标准，如标准分级管理办法、农产品质量监督检验办法及各种审定办法等。

3. 农业标准化有利于合作社提高农产品质量和市场竞争力

农民专业合作社通过建立农业标准化生产，可以引领农户按照生产标准组织生产活动，借助合作社提供的各项统一服务，达到保证农产品质量的目的。同时，通过统一注册产品商标，统一加工包装，提升合作社产品的市场竞争能力。如位于辽宁省铁岭市的昌图县某农民蔬菜专业合作社生产的"九月绿"牌芸豆，无筋、无柴，营养丰富，口感极佳，获得了国家 A 级绿色食品认证，注册商标为"九月绿"牌芸豆。"九月绿"芸豆在东北的大庆、哈尔滨、长春、吉林、四平等城市享有很高的声誉，每到采收季节，来自这些地方的客商络绎不绝，收菜的、卖菜的，几十辆车齐聚市场，交易繁忙，秩序井然。由于合作社有绿标、有品牌、有批发市场，所以蔬菜价格有时高出附近四平市市场零售价每千克 0.2～0.4 元，社员增加收入 20 万元。正是品牌的建设为该合作社提高了市场竞争力。

4. 农业标准化有利于合作社产品走向国际市场

农产品的国际市场一般对农产品的质量标准要求较高，尤其在农药残留方面的要求更是苛刻。如何引导合作社农产品打开国际市场，关键是要建立农业生产标准。如位于辽宁省锦州市的凌海市某蔬菜专业合作社从抓质量入手，对广大社员进行种植技术培训，包括农产品食品安全培训、蔬菜安全生产技术培训、放心菜配套技术培训、蔬菜农残检测技术培训。通过培训，使农民认识到放心菜生产的重要性，自觉规范地使用农业投入品，所生产的蔬菜都通过了农业规范 GAP 认证。合作社生产的西蓝花、洋葱、胡萝卜、生菜远销到日本、韩国、新加坡、马来西亚、泰国等国家，为凌海市的农产品出口创汇作出了巨大贡献。

三、合作社实施农业标准化的一般程序

1. 策划

策划的主要目的是根据市场需求和合作社的现状与发展目标，确立合作社农业标准体系建设的基本目标、原则和框架。

2. 制定与修订农业标准

农业标准体系由农业技术标准、农业管理标准、农业工作标准构成。

（1）农业技术标准。农业技术标准是对农业标准化领域中需协调统一的技术事项所制定的标准，主要包括农产品科研、生产、检测、农艺技术、生产环境条件标准等。

（2）农业管理标准。农业管理标准是对农业标准化领域中需要协调统一的管理事项所制定的标准，主要指在农业企业管理活动中所涉及的人力资源管理、基础设施管理、生产开发管理、生产过程质量控制、农产品服务规范、环境管理、安全卫生管理、农业投入品合理施放管理，以及种植、养殖、农（林、牧、水）产品初加工管理等。

专家提示

策划实施农业标准化的注意事项

（1）必须强调实施农业标准化要以市场需求为出发点，充分考虑合作社目标市场的需求情况和竞争对手产品的质量水平，并根据合作社的实际状况和发展目标，确定满足目标市场需求的质量目标。

（2）根据确定的质量目标，合理确定合作社基地产品质量标准的主要参数（即基地产品希望达到什么样的质量水平）。一般来说，合作社基地产品必须符合国家强制性标准的要求，在具体执行过程中，一般应严于国家推荐性标准。

（3）做好信息收集工作，包括市场需求数据、竞争对手产品质量情况及相关国家标准、行业标准、地方标准（包括农产品标准，食品、安全卫生、农业投入品限量标准，人身健康安全标准等）等，为制定合作社自身的生产标准提供依据。

（4）做好质量管理策划工作。通常质量管理策划应从以下三个方面进行设计。

质量计划：确定质量目标及达成这一目标各工作环节的工作职责及程序；

质量控制：采取控制措施，保证质量目标的实现；

质量改进：采取措施，以保证产品质量与质量管理体系的持续改进。

（3）农业工作标准。农业工作标准是指对农民专业合作社生产管理范围内需要协调统一的工作事项所制定的标准，主要指在执行相应的技术标准和管理标准时，与工作岗位的职责，岗位工作人员基本技能，工作内容、要求、程序与方法，检查与考核等有关的要求。建立工作标准，便于考核各部门和各类人员完成工作任务的水平和程度，使管理工作定量化。

3. 做好各项准备工作

（1）思想准备。要使合作社全体社员及各方面参与方了解实施标准的重要意义和作用，自觉运用标准，执行和维护标准。

（2）组织准备。为加强对实施标准工作的领导，根据工作量大小，应组成由合作社主要领导牵头、农技人员组成的工作组，或设置专门机构负责标准的贯彻和实施。

（3）技术准备。技术准备包括制作宣传、培训材料，培训社员和各方面参与方；制定相关岗位工作规程（作业指导书）；对关键技术进行攻关；必要时开展标准实施的试点工作。

（4）物资条件准备。物资条件准备包括所需的设备、仪器、工具等农业生产资料等。

4. 进行试点

农业技术标准在全面贯彻实施前，合作社可根据需要，选择有代表性的社员进行标准实施试点。在试点时可采取"双轨制"，即贯彻标准与未贯彻标准相互比较，积累数据，取得经验，为全面贯彻标准创造条件。

5. 全面实施

合作社在标准实施过程要特别强调在生产各环节均应做到有标可依、有标必依，严格执行标准，在实施中进一步强化社员和各方面参与方执行标准的观念。

6. 检查、总结与改进

检查与总结是合作社实施标准的重要控制环节，通过检查要进一步证实标准的可行性和适用性，发现问题，总结经验，及时改进。检查中应不仅对标准使用与执行情况及执行效果进行评估，还应对管理体系进行检查和评估，并对评估的结论进行总结，提出改进计划，落实改进措施。

上述农业标准的实施程序，是一个复杂、系统的工程。由于合作社社员的自身素质和认识程度参差不齐，在执行标准过程中难免会出现各种问题，需要引起合作社领导人的足够重视，找出切实有效的方法，引导社员认真执行合作社所制定的各项农业标准，积极推进农业标准化工作的顺利展开。

第三节　农产品质量安全认证

　　农产品质量安全，是指农产品的质量符合保障人的健康、安全的要求。"民以食为天，食以安为先。"农产品的质量安全状况如何，直接关系着人民群众的身体健康乃至生命安全。在新的发展时期，不但要保证老百姓吃得饱，还要保证老百姓吃得安全、吃得放心。因此，农民专业合作社必须高度重视农产品质量安全，加强农产品质量安全管理工作。

一、农产品质量安全认证体系

　　我国农产品认证主要包括：绿色食品认证和有机食品认证等。每种认证都有一套自己的标准和要求，对农产品的生产基地、生产、加工、运输、销售等各环节都有严格的规定和要求。一般来说，有机食品认证比绿色食品认证标准要高，绿色食品认证比无公害农产品认证标准要高，较容易达到的是无公害农产品认证，最难达到的是有机食品认证。

二、农产品质量安全检验

　　农产品质量安全检验就是对农产品及产地环境、农业投入品的一个或多个质量特性进行观察、测量、试验，并将结果和规定的质量要求进行比较，以确定每项质量特性合格情况的技术性检查活动。

知识链接

农产品认证标志

绿色食品标志　　　　有机食品标志　　　　农产品地理标志

📚 知识链接

农产品质量安全检验的主要功能

（1）鉴别功能：根据农产品技术革新标准或订货合同的规定，采用相应的检测方法观察、试验、测量农产品的质量安全特性，判定农产品质量安全是否符合规定的要求，这是质量检验的鉴别功能。

（2）把关功能：质量把关是质量检验最重要、最基本的功能。必须通过严格的质量检验，剔除不合格品并予以"隔离"，实现不合格的原材料小投产，不合格的产品组成部分及中间产品不转序、不放行，不合格的成品不交付（销售、使用），严把质量关，实现把关功能。

（3）预防功能：现代质量检验不单纯是事后把关，还同时起到预防的作用。就农产品质量安全检验而言，通过产地环境和生产过程中农业投入品的检验和农产品生产技术规程的规范作用，能发现农产品生产过程中一些异常因素和不足，及时调整或采取有效的技术、组织措施，提高过程（工序）能力或消除异常因素，预防不稳定生产状态的出现，以预防不合格农产品的生产。

（4）报告功能：为使相关的管理部门及时掌握农产品实现过程中的质量状况，评价和分析质量控制的有效性，把检验获取的数据和信息，经汇总、整理、分析后写成报告，为质量控制、质量改进、质量考核以及管理层进行质量决策提供重要信息和依据。

三、合作社绿色食品认证

绿色食品是遵循可持续发展原则，按特定生产方式生产，经专门机构认定，许可使用绿色食品标志的无污染、安全、优质、营养类食品。绿色食品的特点是强调产品出自良好生态环境，强调对产品实行"从土地到餐桌"全过程控制，强调对产品依法实行统一的标志与管理。

1. 绿色食品应具备的条件

合作社申请绿色食品认证，其产品必须符合 4 个条件：第一，产品或产品原料产地必须符合绿色食品生态环境质量标准；第二，农作物种植、禽畜饲养、水产养殖及食品加工必须符合绿色食品生产操作规程；第三，产品必须符合绿色食品生产标准；第四，产品的包装、储运必须符合绿色食品包装储运标准。

2. 合作社申请绿色食品认证程序

根据国家《绿色食品标志管理办法》，凡具有绿色食品生产条件的国内企业均可申请绿色食品认证，具体的认证程序包括以下8个方面。

（1）认证申请

① 申请人向中国绿色食品发展中心（简称"中心"）及其所在省（自治区、直辖市）绿色食品办公室、绿色食品发展中心（简称"省绿办"）领取"绿色食品标志使用申请书""企业及生产情况调查表"及有关资料，或从中心网站下载。

② 申请人填写并向所在省绿办递交"绿色食品标志使用申请书""企业及生产情况调查表"及以下8项材料：保证执行绿色食品标准和规范的声明，生产操作规程（种植规程、养殖规程、加工规程），公司对"基地＋农户"的质量控制体系（包括合同、基地图、基地和农户清单、管理制度），产品执行标准，产品注册商标文本（复印件），企业营业执照（复印件），企业质量管理手册，要求提供的其他材料（通过体系认证的，附证书复印件）。

（2）受理及文审

① 省绿办收到上述申请材料后，进行登记、编号，5个工作日内完成对申请认证材料的审查工作，并向申请人发出"文审意见通知单"，同时抄送中心认证处。

② 申请认证材料不齐全的，要求申请人收到"文审意见通知单"后10个工作日提交补充材料。

③ 申请认证材料不合格的，通知申请人本作物生长周期不再受理其申请。

④ 申请认证材料合格的，执行下一条。

（3）现场检查、产品抽样

① 省绿办应在"文审意见通知单"中明确现场检查计划，并在计划得到申请人确认后委派两名或两名以上检查员进行现场检查。

② 检查员根据《绿色食品检查员工作手册》和《绿色食品产地环境质量现状调查技术规范》中规定的有关项目进行逐项检查。每位检查员单独填写现场检查表和检查意见。现场检查和环境质量现状调查工作在5个工作日内完成，完成后5个工作日内向省绿办递交现场检查评估报告和环境质量现状调查报告及有关调查资料。

③ 现场检查合格，可以安排产品抽样。凡申请人提供了近一年内绿色食品定点产品监测机构出具的产品质量检测报告，并经检查员确认符合绿色食品

产品检测项目和质量要求的，免产品抽样检测。

④ 现场检查合格，需要抽样检测的产品安排产品抽样。当时可以抽到适抽产品的，检查员依据《绿色食品产品抽样技术规范》进行产品抽样，并填写"绿色食品产品抽样单"，同时将抽样单抄送中心认证处。特殊产品（如动物性产品等）另行规定。当时无适抽产品的，检查员与申请人当场确定抽样计划，同时将抽样计划抄送中心认证处。申请人将样品、产品执行标准、"绿色食品产品抽样单"和检测费寄送绿色食品定点产品监测机构。

⑤ 现场检查不合格，不安排产品抽样。

📚 知识链接

绿色食品分级

绿色食品分 A 级绿色食品和 AA 级绿色食品。

A 级绿色食品：在生态环境质量符合规定标准的产地，生产过程中允许限量使用限定的化学合成物质，按特定的生产操作规程生产、加工，产品质量及包装经检测、检查符合特定标准，并经专门机构认定，许可使用 A 级绿色食品标志的产品。

AA 级绿色食品（等同有机食品）：在生态环境质量符合规定标准的产地，生产过程中不使用任何有害化学合成物质，按特定的生产操作规程生产、加工，产品质量及包装经检测、检查符合特定标准，并经专门机构认定，许可使用 AA 级绿色食品标志的产品。

（4）环境监测

① 绿色食品产地环境质量现状调查由检查员在现场检查时同步完成。

② 经调查确认，产地环境质量符合《绿色食品产地环境质量现状调查技术规范》规定的免测条件，免做环境监测。

③ 根据《绿色食品产地环境质量现状调查技术规范》的有关规定，经调查确认，有必要进行环境监测的，省绿办自收到调查报告两个工作日内以书面形式通知绿色食品定点环境监测机构进行环境监测，同时将通知单抄送中心认证处。

④ 定点环境监测机构收到通知单后，40 个工作日内出具环境监测报告，连同填写的"绿色食品环境监测情况表"，直接报送中心认证处，同时抄送省

绿办。

（5）产品检测

绿色食品定点产品监测机构自收到样品、产品执行标准、"绿色食品产品抽样单"、检测费后，20个工作日内完成检测工作，出具产品检测报告，连同填写的"绿色食品产品检测情况表"，报送中心认证处，同时抄送省绿办。

（6）认证审核

① 省绿办收到检查员现场检查评估报告和环境质量现状调查报告后，3个工作日内签署审查意见，并将认证申请材料、检查员现场检查评估报告、环境质量现状调查报告及"省绿办绿色食品认证情况表"等材料报送中心认证处。

② 中心认证处收到省绿办报送材料、环境监测报告、产品检测报告及申请人直接寄送的"申请绿色食品认证基本情况调查表"后，进行登记、编号，在确认收到最后一份材料后两个工作日内下发受理通知书，书面通知申请人，并抄送省绿办。

③ 中心认证处组织审查人员及有关专家对上述材料进行审核，20个工作日内作出审核结论。

④ 审核结论为"有疑问，需现场检查"的，中心认证处在两个工作日内完成现场检查计划，书面通知申请人，并抄送省绿办。得到申请人确认后，5个工作日内派检查员再次进行现场检查。

⑤ 审核结论为"材料不完整或需要补充说明"的，中心认证处向申请人发送"绿色食品认证审核通知单"，同时抄送省绿办。申请人需在20个工作日内将补充材料报送中心认证处，并抄送省绿办。

⑥ 审核结论为"合格"或"不合格"的，中心认证处将认证材料、认证审核意见报送绿色食品评审委员会。

（7）认证评审

① 绿色食品评审委员会自收到认证材料、认证处审核意见后10个工作日内进行全面评审，并作出认证终审结论。

② 认证终审结论分为两种情况：认证合格和认证不合格。

③ 结论为"认证合格"，执行下一条。

④ 结论为"认证不合格"，评审委员会秘书处在作出终审结论两个工作日内，将"认证结论通知单"发送申请人，并抄送省绿办。本生产周期不再受理其申请。

（8）颁证

① 中心认证处在5个工作日内将办证的有关文件寄送"认证合格"申请

人，并抄送省绿办。申请人在 60 个工作日内与中心签订《绿色食品标志商标使用许可合同》。

② 中心主任签发证书。

四、合作社有机食品认证

有机食品是纯天然、无污染、安全营养的食品，完全不含人工合成的农药、肥料、生长调节素、催熟剂、家畜（禽）饲料添加剂，也可称为"生态食品"。它是根据有机农业原则和有机食品生产方式及标准生产、加工出来的，并通过有机食品认证机构认证的农产品。

在我国，获得国家认证认可监督管理委员会认可的有机食品认证机构有 20 多家。环境保护部有机食品发展中心是目前国内有机食品综合认证的权威机构。农民专业合作社在申请有机食品认证时要注意选择好认证机构。

合作社申请有机食品认证需要缴纳一定费用，但认证机构在认证过程中不允许有附加的财务或其他条件。认证机构的服务向所有申请者开放，每一个认证机构都有自己的一套认证程序。

专家提示

合作社在申请有机食品认证时需要提交的材料

（1）申请人的合法经营资质文件，如土地使用证、营业执照、租赁合同等。

（2）当申请人不是有机食品的直接生产或加工者时，申请人还需要提交与各方签订的书面合同。

（3）申请人及有机食品生产、加工的基本情况，包括申请人生产者名称、地址、联系方式、产地（基地）加工场所的名称、产地（基地）加工场所情况。

（4）过去 3 年间的生产历史，包括对农事、病虫草害防治、投入物使用及收获情况的描述。

（5）生产、加工规模，包括品种、面积、产量、加工量等的描述。

（6）申请和获得其他有机食品认证的情况。

（7）产地（基地）区域范围描述，包括地理位置图、地块分布图、地块图、面积、缓冲带和周围临近地块的使用情况的说明等。

（8）加工场所周边环境描述、厂区平面图、工艺流程图等。

（9）申请认证的有机食品的生产、加工、销售计划，包括加工产品品种、预计加工量、销售产品品种和计划销售量、销售去向等；产地（基地）、加工场所有关环境质量的证明材料。

（10）有关专业技术和管理人员的资质证明材料。

（11）保证执行有机食品标准的声明。

（12）有机生产、加工的管理体系文件。

（13）其他相关材料。

1. 申请

申请人提出正式申请，向有机食品认证机构或其代理索取有关申请表格和文件，如"有机食品认证申请表""有机食品认证调查表"和"有机食品认证书面资料清单"等。

申请人填写"有机食品认证申请表"和"有机食品认证调查表"，填写完毕寄回检查认证部门，同时准备"有机食品认证书面资料清单"中要求提供的相关材料，并确认相关事宜。

2. 文件审查并制定检查计划

有机食品认证机构或其代理或分中心对申请人的材料进行预审。审查合格后，根据申请人提供的项目情况，估算检查时间，制订初步检查计划，估算认证费用，并向申请者寄发受理通知书和有机食品认证检查合同。审查不合格的，当年不再受理其申请。

3. 签订有机食品认证检查合同

申请人与有机食品认证机构签订有机食品认证检查合同。申请人根据检查合同要求，缴纳相关费用的50%～70%。申请人指定内部检查员配合认证工作，并进一步准备相关材料。

4. 实地检查评估

全部材料审查合格以后，有机食品认证机构指派检查员进行实地检查。检查员依据有机生产技术准则等要求，对申请人的质量管理体系、生产过程控制体系、追踪体系，以及产地、生产、加工、仓储、运输、贸易等进行实地检查评估。必要时，检查员可对水、土、气及产品抽样，由检查员和申请人共同封样送指定的质检机构检测。

5. 编写检查报告

检查员完成检查后，按有机认证机构要求编写检查报告。检查员在检查完成后规定期限内将检查报告送达有机认证机构。

6. 综合审查评估

有机认证机构根据申请人提供的申请表、调查表等相关材料，以及检查员的检查报告和相关检验报告等进行综合评估，填写颁证评估表，提出评估意见。有机认证机构将评估意见报颁证委员会审议。

7. 颁证决议

颁证委员会对相关材料进行全面审查，作出"同意颁证""有条件颁证""有机转换颁证"或"拒绝颁证"的决定。

（1）同意颁证。申请内容完全符合有机食品标准，颁发有机食品证书。

（2）有条件颁证。申请内容基本符合有机食品标准，但某些方面尚需改进，在申请人书面承诺按要求进行改进以后，亦可颁发有机食品证书。

（3）有机转换颁证。申请人的基地进入转换期一年以上，并继续实施有机转换计划，颁发有机食品转换证书。产品按"转换期有机食品"销售。

（4）拒绝颁证。申请内容达不到有机食品标准的要求，颁证委员会拒绝颁证，并说明理由。

8. 签署认证协议，支付余款

有机认证机构与申请者签署认证协议，申请者支付相关费用的余款。

9. 颁发证书

根据颁证委员会的决议，向符合条件的申请者颁发证书。获证申请者在领证之前，需对检查员的报告进行核实盖章，获有条件颁证的申请者要按认证中心提出的意见进行改进，作出书面承诺。

第四章
农民专业合作社市场营销

内容提要

市场调研准备与实施的相关知识。

农民专业合作社品牌策略与品牌创建的相关知识。

农民专业合作社产品策略、价格策略、渠道策略和促销策略的相关知识。

案例导入

李某的烦恼

李某于 2016 年 12 月成立了一家养蜂合作社，20 多户村民成为合作社社员。合作社与社员协议约定，合作社收购所有社员的蜂蜜，社员严格按照技术标准操作，保证蜂蜜质量。随着合作社推广养殖技术，蜂蜜产量节节攀升。到目前，该合作社社员遍布多个乡村，有的社员投入达到 10 万元以上。

一开始，陆续有社员联系李某让他收购蜂蜜，这让他喜出望外，并通过熟人顺利卖掉蜂蜜。后来，蜂蜜产量大大超出了李某当初的预估。"联系不到销路，资金周转不过来，要亏惨。"这段时间，李某一听到手机铃声就紧张，"脑壳都抠烂了"，在网上、电视上打了不少广告，投了不少钱，结果也只是卖了少数。情急之下，李某向乡党委书记求助。党委书记又联系到区服务业发展局。发展局相关负责人对合作社进行了实地考察，找原因、找方法、谋销路。

经过分析，蜂蜜滞销的原因有二：一方面是商品的商标还没拿到，无法在超市等渠道流通；另一方面是没有取得市场信任，好质量没有取得好效益。得到"点拨"，李某联系成都一家检测机构，希望通过他们拿到一份权威检测报告，证明合作社野生蜂蜜的品质高。另一方面，区服务业发展局和乡领导也在积极想办法，联系电商平台来实地查看。

思考：1. 结合案例，分析养蜂合作社蜂蜜滞销的原因。

2. 为解决合作社蜂蜜销售问题提供对策。

第一节　农民专业合作社市场调研

一、市场调研的概念

市场调研就是运用科学方法，有目的、有计划地搜集、整理和分析有关供求双方的各种情报、信息和资料，把握供求现状和发展趋势，为农民专业合作社销售计划的制订和经营决策提供正确依据的信息管理活动。

市场，从一般意义上讲是指买卖双方进行商品交换的场所；从广义上讲，也包括产品成为商品最终为消费者所接受的过程中，为降低交易费用而设立和制定的各种交易制度、交易规则。农民专业合作社作为一种经济组织，其生产经营活动必然围绕着市场这个核心。市场不仅是农民专业合作社的起点，也是农民专业合作社的终点，也是农民专业合作社与外界建立协作关系、竞争关系所需信息的来源，还是农民专业合作社生产经营活动成功与失败的评判者。因此，进行市场调研是农民专业合作社管理的重要步骤。

知识链接

市场调研对于农民专业合作社的重要作用

1. 市场调研是农民专业合作社经营决策的基础

农民专业合作社的决策有三种类型。一是战略决策，指对较长期的，关系到合作社长远发展的问题的决策，如经营方向和选择等。二是战术决策，指对短期内出现的、并非重复发生的问题所做的决策。如合作社对竞争者提高价格的反应、促销资金的使用等。三是常规决策，指对短期内经常重复发生的问题的决策,如订货数量等。

一般而言,只有战略性决策才需要开展市场调研,因为战略决策关系到合作社整体营销的成败,影响着合作社的长期生存和发展方向。战术性决策和常规性决策通常不需要进行正式的市场调研,因为这两种决策的风险相对较小,并且作出决策的速度很快。

2. 市场调研有利于合作社满足目标顾客的需求

随着市场经济的发展,消费者需求的变化越来越快。产品的生命周期日益变短,市场竞争更加激烈。合作社通过市场调研,可以发展市场中未被满足或未被充分满足的需求,确定本合作社的目标市场。同时,可以根据消费者需求的变化特点,开发和生产适销对路的产品,并采取有效的营销策略和手段,将产品及时送到消费者手中,满足目标顾客的需要。

3. 市场调研有利于增强合作社的竞争能力

通过市场调研,可以了解市场营销环境的变化,可以及时调整自己的产品、价格、渠道以及促销和服务策略。与竞争对手开展差异化的竞争,逐渐树立自己的竞争优势。同时,合作社还可以通过收集竞争对手的情报,了解竞争对手的优势和弱点,然后扬长避短,有的放矢地开展针对性营销,从而增强合作社的竞争能力。

4. 市场调研是合作社营销活动的开始,又贯穿其全过程

合作社的营销活动是从市场调研开始的,通过市场调研识别和确定市场机会,制订营销计划,选择目标市场,设计营销组合。对营销计划的执行情况进行监控和信息反馈。在这一过程中,每一步都离不开市场调研,都需要市场调研为决策提供支持和帮助。需要强调的是,市场调研对合作社的经营决策还有检验和修正的作用。根据市场调研获得的资料,可检查计划和战略是否可行。有无疏忽和遗漏,或是否需要修正,并提供相应的修改方案。

二、市场调研的内容

农民专业合作社进行市场调研的内容十分广泛。从广义上说,凡是直接影响合作社市场经营活动的资料都应该收集、整理;凡是有关合作社经营活动的信息,都应该调查、研究。当然,大多数合作社不太可能进行十分详尽的市场调研,但是基本的市场调查是必须进行的。一般而言,合作社市场调研的内容主要包括以下四个方面。

1. 市场环境调研

合作社在开展经营活动之前，在准备进入一个新开拓的市场时，要对市场环境进行调查研究。市场环境主要包括以下几个方面。

（1）经济环境。经济环境主要包括地区经济发展状况、产业结构状况、交通运输条件等。经济环境是制约合作社生存和发展的重要因素，了解本地区市场范围内的经济环境信息，能够为合作社扬长避短，发挥经营优势并为进行经营战略决策提供重要依据。

（2）自然地理环境和社会文化环境。农民专业合作社更是由于农业生产的自然性，其产品生产和经营受气候季节、自然条件的制约尤为突出。另外，有些产品生产与经营还将受到当地生活传统、文化习惯和社会风尚等社会文化条件的影响。

（3）竞争环境。竞争环境调研就是对合作社竞争对手的调查研究。调查竞争对手的经营情况和市场优势，目的是采取正确的竞争策略，与竞争对手难免正面冲突、重复经营，而在经营的品种、档次及目标市场上有所区别，形成良好的互补经营结构。

2. 消费者调研

农民专业合作社面对的主要是消费者市场。消费者市场是由最活跃，也是最复杂多变的消费者群体构成的。合作社的销售活动没有消费者参与就不能最终实现产品流通的全过程，因此，合作社在市场调研中应将消费者作为调研的重点内容。消费者调研的主要内容包括以下几个方面。

（1）消费者规模及其构成，具体包括消费者人口总数、人口分布、年龄结构、性别构成、文化程度等。

（2）消费者家庭状况和购买模式，具体包括家庭户数和户均人口、家庭收支比例和家庭购买模式。家庭是基本的消费单位，许多商品都是以家庭为单位进行消费的。了解消费者的家庭状况，就可以掌握相应产品的消费特点。

（3）消费者的购买动机。消费者的购买动机一般而言主要有求实用、求新颖、求廉价、求方便、求品牌、从众购买等。在调查消费者的各种购买动机时需要注意，消费者的购买动机是非常复杂的，有时真正动机可能会被假象掩盖，调查应抓住其主要的、起主导作用的动机。

3. 产品调研

产品是合作社经营活动的主体，通过产品调研，可以及时根据市场变化，调整合作社经营结构，减少资金占用，提高经济效益。产品调研主要包括以下几个方面。

（1）了解本合作社的产品质量情况。

（2）产品的市场生命周期。任何一种产品进入市场，都有一个产生、发展、普及、衰亡的过程，即产品的经济生命周期。合作社在市场调研中，要理解自己的产品处于其市场生命周期的哪个阶段，以便按照产品生命周期规律，及时调整经营策略，改变营销重点，取得经营上的主动权，立足于市场竞争的不败之地。

（3）产品成本、价格。通过对市场上类似产品价格变动情况的调研。可以了解价格变动对产品销售量影响的准确信息，从而对市场变化做到心中有数，继续做好产品销售。

4. 流通渠道调研

流通渠道调研的内容很多，按照流通环节划分。主要包括以下几个方面。

（1）批发市场。经营批发业务的合作社，首先把产品从生产领域引入流通领域，了解产销之间、城乡之间、地区之间的产品流通。在调研中要了解批发市场的信息，研究产品流通规律。

（2）零售市场。调研零售市场是改进合作社经营管理、了解消费者需求的重要方面。特别是近年来发展迅猛的超市零售业，往往第一时间反映了消费者需求状况。

（3）生产者自销市场和农贸市场。合作社在调研中应重点掌握自销和农贸市场产品交易额、交易种类、品种比重等方面信息，以分析其对市场主渠道的影响。

三、市场调研的方法

市场调研的方法主要有观察法、试验法、访问法和问卷法。

（1）观察法。观察法是市场调研的最基本的方法。它是由调研人员根据调查研究的对象，利用眼睛、耳朵等感官以直接观察的方式对其进行考察并搜集资料。例如，市场调研人员到被访问者的销售场所去观察商品的品牌及包装情况。

（2）试验法。由调研人员跟进调查的要求，用试验的方式，对调查的对象控制在特定的环境条件下，对其进行观察以获得相应的信息。控制对象可以是产品的价格、品质、包装等，在可控的条件下观察市场现象，揭示在自然条件下不易发生的市场规律，这种方法主要用于市场销售试验和消费者使用试验。

（3）访问法。可以分为结构式访问、无结构式访问和集体访问。

结构式访问是事先设计好的、有一定结构的访问。调研人员要按照事先设计好的调查表或访问提纲进行访问，对于不同的调研对象可以用相同的提问方式和记录方式进行访问。

无结构式访问是没有统一问卷，由调研人员与被访问者以自由交谈的方式进行访问。它可以根据调查的内容，进行广泛的交流。例如，对商品的价格进行交谈，了解被调查者对价格的看法。

集体访问是通过集体座谈的方式听取被访问者的想法，收集信息资料。可以分为专家集体访问和消费者集体访问。

（4）问卷法。是通过设计调查问卷，让被调查者填写调查表的方式获得所调查对象的信息。在调查中将调查的资料设计成问卷后，让接受调查对象将自己的意见或答案，填入问卷中。在一般进行的实地调查中，以问答卷采用最广。

四、农民专业合作社市场调研的步骤

市场调研是由一系列收集和分析市场数据的步骤组成。某一步骤作出的决定可能影响其他后续步骤，某一步骤所做的任何修改，往往意味着其他步骤也可能需要修改。通常，农民专业合作社市场的调研按照以下几个步骤进行。

1. 确定市场调研目标

市场调研的目的在于帮助合作社准确地作出战略、经营和营销决策，在市场调研之前，须先针对合作社所面临的市场现状和亟待解决的问题，如产品销量、产品特性、广告效果等，确定市场调研的目的和范围。市场调研人员应当始终清楚地认识到其市场调研活动的目的，希望通过调研完成或知道什么？实践中，市场调研的目标往往是为了解决某个特定的问题，另一常见的目标是为使合作社能确认潜在的市场机会。合作社常常围绕这两种目标来设计市场调研计划、解决问题和确认机会。

2. 确定所需信息资料

市场信息浩若烟海，合作社进行市场调研，就必须根据已确定目标和范围收集与之密切相关的资料，而不必要面面俱到。纵使资料堆积如山，如果没有确定的目标，也只会事倍功半。

3. 确定资料收集方式

合作社在进行市场调研时，收集资料必不可少。而收集资料的方法极其多

样，合作社必须根据所需资料的性质选择合适的方法，如试验法、观察法、调查法等。

4. 收集现成资料

为有效地利用合作社内外现有资料和信息，应该利用室内调研方法，集中搜集与既定目标有关的信息，这包括对企业内部经营资料、各级政府统计数据、行业调查报告和学术研究成果的搜集和整理。现在，通过互联网来收集资料和信息是一种比较实用的室内调研方法。

5. 设计调查方案

在尽可能充分地占有现成资料和信息的基础上，再根据既定目标的要求，采用实地调查方法，以获取有针对性的市场情报。市场调查几乎都是抽样调查，抽样调查最核心的问题是抽样对象的选取和问卷的设计。如何抽样，须视调查目的和准确性要求而定。而问卷的设计，更需要有的放矢，完全依据要了解的内容拟定问题。

6. 组织实地调查

实地调查需要调研人员直接参与，调研人员的素质影响着调查结果的正确性，因而，首先必须对调研人员进行适当的技术和理论训练；其次还应该加强对调查活动的规划和监控，针对调查中出现的问题及时调整和补救。

7. 进行观察试验

在调查结果不足以揭示既定目标要求的信息广度和深度时，还可以采用实地观察和试验的方式，组织有经验的市场调研人员对调查对象进行公开和秘密的跟踪观察，或是进行对比试验，以获得更具有针对性的信息。

8. 统计分析结果

市场调研人员需以客观的态度和科学的方法进行细致的统计计算，以获取高度概况性的市场动向指标、并对这些指标进行横向和纵向比较、分析和预测，以揭示市场发展的现状和趋势。

9. 准备研究报告

市场调研的最后阶段是根据比较、分析和预测结果写出书面调研报告，一般分专题性报告和全面报告，阐明针对既定目标所获结果，以及建立在这种结果基础上的经营思路、可供选择的行动方案和今后进一步探索的重点。

第二节　农民专业合作社品牌创建

一、品牌的概念

品牌是区别商品与服务的标志，是多要素的集合。品牌是竞争主体持续发展所需要的一种无形资产，运用与竞争者之间相区别的名称、符号、图案、文字及组合向目标市场传递的有关竞争主体的形象、文化、产品概念等信息，其目的是建立及维护好与消费者之间的关系、培养忠诚度，从而获得竞争优势。

品牌的作用如下：

（1）帮助顾客处理信息，降低信息搜寻成本。如消费者心中有一个了解与信任的品牌，它将帮助顾客处理产品信息，简化购买行为。

（2）降低顾客购物风险，品牌涵盖了企业声誉、形象、文化、产品品质等内容。品牌就是企业对顾客所做的价值承诺，可降低顾客的购物风险，增加购买能力。

（3）给消费者带来一定的附加利益。附加利益是品牌的重要内容，购买品牌，除了使用价值外，还有身份、品味、档次和自我满足等情感利益。

（4）提升企业产品的附加值，增加利润。品牌形成产品的差异，将自己的产品与竞争对手的产品相区别，品牌成为企业占领市场和获得垄断利润的利器。

专家提示

品牌和商标的关系

1. 商标是品牌的一部分

商标是品牌中的标志和名称部分，便于消费者识别。但品牌的内涵远不止于此，品牌不仅是一个易于区分的名称和符号，更是一个综合的象征，需要赋予其形象、个性、生命。品牌标志和品牌名的设计只是建立品牌的第一道工作，也是必不可少的一道程序。要真正成为品牌，还要着手品牌个性、品牌认同、品牌定位、品牌传播、品牌管理等各方面的内容完善。这样，消费者对品牌的认识，才会由形式到内容、从感性到理性、从浅层到深入，从而完成由未知到理解、购买的转变，形成顾客忠诚。

2. 商标是一种法律概念，而品牌是市场概念

商标的法律作用主要表现在以下几个方面。

（1）通过商标专用权的确立、转让、争议、仲裁等法律程序，保护商标所有者的合法权益。

（2）促使生产经营者保证商品质量，维护商标信誉。

品牌的市场作用主要表现在以下几个方面。

（1）品牌是企业与消费者之间的一份无形契约，是对消费者的一种保证，有品牌与无品牌的产品相比，消费者更多地信赖有品牌的产品。

（2）品牌是消费者选择商品的依据，消费者曾经在一棵品牌树上摘到一颗甜果子，他就有信心相信另一颗果子也是甜的。这种消费经验的积累与运用，无论对消费者还是企业都是一件有意义的事情。

（3）品牌是规避单纯价格竞争的一种手段，因为品牌的特有附加价值，消费者可以多一点额外的付出。

（4）品牌是企业实现利润最大化的保证，每一个新产品的推出，都可以借助原品牌增加价值。

（5）品牌有一定的象征意义，有利于促进产品销售，树立企业形象。

二、品牌策略

品牌策略是指合作社如何合理地使用品牌，达到既定的营销目标。品牌策略涉及的方面很多，合作社在制定品牌策略时可从以下五个方面作出策略选择。

（1）品牌化策略，即合作社使用品牌与否的策略，包括使用品牌还是不使用品牌，以及品牌是否注册为商标。

（2）品牌归属策略。合作社在决定使用品牌后，应对使用谁的品牌问题作出决策。合作社可以选择自己创建品牌、使用经销商的品牌、使用特许品牌、使用共同品牌。

（3）家族品牌策略。如果合作社决定其大部分或全部产品都使用自己的品牌，就要进一步决定其产品是分别使用不同的品牌，还是统一使用一个或几个品牌。合作社可以选择统一品牌策略、个别品牌策略、合作社名称加个别品牌策略、分类品牌策略。

（4）品牌战略选择策略。品牌战略选择策略主要包括产品线扩展、品牌延

伸、合作品牌、多品牌策略。

（5）品牌再定位策略。在作出重新定位选择时，合作社必须考虑将品牌转移到另外一个细分市场的费用，包括产品广告宣传费用、包装费用、品牌管理费用以及定位于新位置的获得能力等。

三、品牌创建

1. 品牌设计原则

合作社进行品牌设计的目的是将品牌个性化为品牌形象，为了更好地实现这一目标，在进行品牌方案设计和实施时，应遵循下列原则。

（1）简洁。

（2）在黑色和白色底色下均能良好显示。

（3）在小尺寸下能良好显示。

（4）在众多情况下能良好显示（如产品包装上，广告上等）。

（5）通常要包含合作社的名称。

（6）能充分展示合作社的沟通意图。

2. 品牌命名的常用方法

现代市场上，创一个好的品牌名称也就成为现代企业生存和发展的战略选择。一个响亮、简练、准确、新颖的名字已成为合作社品牌战略的重要组成部分。以下为大家介绍了几点最为大家所常用的方法：

（1）制法命名。多用于具有独特制造工艺或有纪念意义的研制过程的产品，突出制作技术精良、研制过程艰辛，以提高产品威望。例如广东的"双蒸酒"、北京的"二锅头酒"，都是表示蒸馏两次才制成的。

（2）人物命名。以历史人物、传奇人物、产品创造者等名人姓名命名，衬托和说明产品品质、历史传统、文化背景，以提高产品身份。

（3）商品创造者命名。这种命名方法把商品和创造者联系在一起，给人一种诚实可信、工艺精湛的印象。

（4）吉祥物，象征词命名。这种商品的名称很能迎合消费者的心理，尤其是在一定的风俗文化背景下。

（5）企业名称命名。以生产该产品的企业名称命名。

（6）效用命名。以产品的主要性能和效用命名，能使消费者望名知意，迅速理解商品的功效，有利于联想与记忆。

（7）外文译音命名。此种方法多用于进口产品，可满足消费者求新、求异心理，同时可避免翻译麻烦。

第三节　农民专业合作社营销组合策略

在现代市场经济条件下，企业的营销能力经常是其赢利的保证。虽然农民专业合作社具有营利性和服务性共存的特点，不同于一般企业，但是把农民专业合作社定义为企业组织，这在世界范围内已经取得共识。现在国外农业合作社越来越注重按照企业运作模式来提高管理效率，很多甚至聘请社外的企业家来进行营销管理以提高市场竞争水平和利润率。既然营销成为我国农民专业合作社发展的短板，这个短板也在一定程度上造成我国农产品市场竞争力不高，那么结合自身特点进行营销组合策略创新，提高营销水平，就成为我国农民专业合作社发展的当务之急。可以从以下几方面开展营销创新。

一、产品营销策略

（1）切实推进标准化生产，把农产品从经验品、信用品升级为搜寻品。农民专业合作社在选择合适的标准后，关键是建立农产品检测体系，确保合作社内部所有社员按照农业标准化来生产，要加强自律制度建立，并建立可追溯体系，把农产品从经验品、信用品升级为搜寻品。

（2）积极推进农产品品牌化。在推进农产品标准化的同时，农民专业合作社可积极开展品牌营销。开展品牌营销一方面可以提高产品附加值。科学的品牌应用能够为农产品带来 50% 以上的附加值竞争力。虽然产品质量相差无几，但是经过品牌运作的日本大米价格是普通中国大米的 20 倍。另一方面，品牌化还可以在消费者购买时避开假冒伪劣，培养消费者购买忠诚度。推进品牌建设，农民专业合作社可以从以下几方面努力。

① 积极为农产品注册商标，包括集体商标。为农产品注册商标的成本并不高，几乎适合所有的农民专业合作社。

② 加大证明商标注册力度。证明商标注册申请人必须是经依法登记、具有法人资格的企业或事业单位，而农民专业合作社正好符合这一要求。产品符合条件的合作社要推动农产品认证为无公害农产品、绿色食品和有机食品。证明商标用来保证商品的特定品质，有利于企业向市场推销商品，也有利于消费者选择商品，保证商品的质量。

③ 申报名牌并加强品牌保护。经过一定发展，具有相当实力的合作社，可以积极申报中国驰（著）名商标或者地方知名品牌商标，进而提升品牌影响力。有了名牌，关键是要加强品牌保护，农产品品牌不同于工业产品品牌，后者一般所有权和使用权统一，而农业品牌可能是所有权与使用权分开的。

↻ 拓展阅读

"××工夫"的品牌保护

"××工夫"茶叶 2007 年获得国家地理标志产品保护，2008 年成功注册国家证明商标，2009 年获福建省著名商标，2010 年获中国驰名商标。根据福安市茶叶协会提供的信息，经中国茶叶区域公用品牌价值评估课题组认定，"××工夫"品牌价值 17.69 亿元。目前，"××工夫"中国驰名商标由福安市茶叶协会等申报并负责管理，授权 74 家企业使用。所有权与使用权分离容易产生道德风险，影响到茶叶质量和品牌信誉，一旦有一家授权企业发生问题，就会对整个产业和品牌产生影响。因此，除了加强品牌宣传外，该协会对"××工夫"授权使用制定许可使用条件、授权使用合同等，严格"××工夫"中国驰名商标的管理使用，组织有关人员深入产区、销区开展市场检查，相继检查茶叶经营户 200 多家，立案查处违规事件 20 多起。

二、渠道策略

渠道是介于生产者和消费者之间的桥梁，渠道效率的高低对产品销售起到至关重要的作用。农民专业合作社应该从以下角度创新渠道。

1. 农超对接

"农超对接"是指农民专业合作社直接对接超市。调查显示，农超对接使农民专业合作社产品流通成本降低了 20%~30%，产品销售价格提高了 10%~20%，超市采购成本降低了 10%，消费者、超市、农民专业合作社社员实现了三方共赢。广东依托供销社和农民专业合作社，建设平价商店，由农民专业合作社生产，供销社销售，既稳定了物价，又发展了农业，取得了良好效果。农超对接适合于任何产品符合质量和价格条件的农民专业合作社，对接的关键是对接方式要适合双方的具体需要。在对接过程中，农民专业合作社要更积极主动些，要派出营销人员主动联系超市。

2. 自建超市或者农民专业合作社"抱团"联合建超市

具体形式包括以下几种。

（1）具备较高经济实力且能有效把握市场的合作社可以自建超市或者专卖店，实现从田间地头到市场的一体化。目前，我国台湾地区的多数农协都建有产销班，并在城市内设立超市或专卖店。我国台湾宜兰县养蜂产销班为促进产品销售，设有专门的养蜂展售中心，建有蜂产品专卖店8家，占全班产品销量的80%，区域性经销点20处，占全班产品销量的15%。

（2）在建立联社的基础上，"抱团"联合建超市。考虑到一些农民专业合作社规模小、资金少、品牌号召力不强及产业发展能力后劲不足的现实，单独一家合作社建立超市的可行性较小，而合作社"抱团"成立组织化程度更高的合作联社，"抱团"联合建超市，具有较强的可行性。

3. 积极开展网络营销

农民专业合作社电子商务营销是一种新的营销形式，适合于所有掌握了这一技术的合作社。借助电子信息平台开展农产品营销是大有作为的，其成本不太高，农民专业合作社可以利用村里的远程教育站点或自办网站等方式上网推销农副产品，可以建立自有网站，也可以依托第三方营销网站。

4. 与其他市场主体合作建立联盟

在国家支持下，农民专业合作社与其他市场主体合作建立联盟，发挥各方优势，应该是农产品营销渠道发展的主攻方向。农民专业合作社与其他市场主体合作建立联盟，要注意发挥第三方物流的作用，培育有适度规模的一、二级配送中心，形成农产品直销配送体系。

🔄 拓展阅读

合作社联盟销售示范区

2010年8月，金乡县供销社、县商务局联合中国商业联合会购物中心专业委员会建立全国首家"农民专业合作社联盟销售示范区"，开展农民专业合作社产业与市场对接工程。该联盟组织金乡现有的各农民专业合作社与供销社联合开展"以销定产，以产促销"活动，联合开发农副产品销售渠道，形成销售联盟体系。该联盟组建农业专家团队，进行产前、产中、产后的技术服务，指导建立以农家肥为主的肥料加工厂，发展生态农业，形成种、苗、肥、产、供销一体化。

三、价格策略

1. 渗透定价策略

农产品渗透定价策略是通过产品的低价阻止竞争者进入市场参与竞争，提供同质农产品的最低价位获得消费者的认可。农产品渗透定价策略有以下三种表现形式：第一，高质中价定位，是指以中等价格水平定价，提供的是优质产品和服务；第二，中质低价定位，是指以产品质量中等，价格相应低廉的定价方式，提供合格的产品和服务；第三，低质低价定位，是指针对对价格非常敏感的消费者，提供价格低廉、没有质量优势的产品与服务。

2. 分档定价策略

农产品分档定价就是根据消费者购买能力的层别和差异，在经营不同细节差别的同类产品时，根据细节差别将农产品分为几个档次，不同档次的产品价格有所差异。主要的分档定价类型有如下几类：第一，同一农产品，按不同等级实行分档定价。例如把同一品种的西红柿按照大小分成不同的等级，每个等级确定一个价格。第二，按位置分档定价。根据销售场所的区位优势、交通便利程度、消费群体层次等因素确定不同的价格。第三，按时间分档定价。例如农贸市场和超市里蔬菜的价格早上和晚上不一样。第四，按顾客群体定不同价格。例如生鲜超市对会员与非会员实施差异定价，会员将享受折扣及限时特价等价格优惠。

3. 地区定价策略

农产品地区定价策略是在农产品销售中对不同地区的顾客实行地区差价，它可分为产地定价与分区运送定价及统一交货定价。第一，产地定价。产地定价指消费者在产地按生产价格或收购价格购买农产品。第二，分区运送定价。分区运送定价指卖方按照路程的距离远近划分不同区域，每个区域的定价有所差别而同一区域价格一致。第三，统一交货定价。统一交货定价是指卖主收取一定的运费，由卖主将货物运送到买主所在地的定价策略。

4. 组合定价策略

农产品组合定价策略是通过不同档次或层次的产品组合扩大农产品覆盖层面并促进消费者购买的一种方式。农产品组合定价的主要类型包括：互补产品定价、副产品定价和捆绑定价等。农产品组合定价策略的意义在于拓宽农产品产销渠道，延展农产品覆盖广度及深度，增加农产品销量及品牌知名度。

5. 撇脂定价策略

农产品撇脂定价策略指将高质量、优品牌形象的农产品投放市场，为层层攫取收益及获得溢价而采取的高价策略。定价较高的农产品，如绿色食品、有机农产品比较受高收入消费者的青睐。绿色食品、有机农产品作为特殊的农产品，在生产程序上比较复杂，耗费的时间与生产成本比普通农产品高，因此售价也相应较高。虽然绿色食品、有机农产品售价较高，但倾向于购买绿色、有机农产品的消费者在各国都占较高比例。

四、促销策略

人员推销、营业推广、广告、公共关系是促销的 4 种基本工具。具体到以农民专业合作社为主体，开展农产品销售，可以综合运用这 4 种工具。在名、优、特、新品种农产品初上市时，促销目标是使顾客认识和了解产品，广告和人员推销都很重要。农民专业合作社可以利用各类媒介、媒体进行广告宣传，树立品牌形象。鉴于电视广告费用不菲，农民专业合作社可以向有关部门申请利用当地地理优势所在地或田间地头等醒目处树立户外广告牌；也可以利用报纸、广播、杂志或是在网站上做广告。对于农产品加工企业或超市等大客户，要进行人员推销，上门宣传讲解，免费提供陈列样品，给在规定期限内订购农产品超过一定额度的批发商和零售商以折扣优惠。农民专业合作社可以适时参加各类展览会、展销会、贸易洽谈会推介产品性能，扩大市场占有率。同时，辅之以人员推销和其他方法，扩大分销渠道，争夺市场占有率。

除了以上产品、渠道和促销策略外，农民专业合作社要大力开展观光农业、旅游农业，积极利用政府和其他非政府组织的力量，获得免费宣传支持；积极参与社会活动，改善与社会各界的关系，树立良好的形象，获得社会各界的关心和支持，通过公共关系达到宣传促销目的。

第五章
农民专业合作社财务管理

内容提要

农民专业合作社融资渠道、融资困境突破。

农民专业合作社成员账户设立、盈余分配。

农民专业合作社偿债能力分析、盈利能力分析。

案例导入

合作社非法集资诈骗

2007年注册成立于河北省××合作社,发展并不仅限于当地。2014年年底,河北省公安系统对该合作社涉嫌非法吸收公众存款案立案侦查,称该合作社非法吸收公众存款一案涉及全国16个省、市,集资人数超10万人。经初步统计,仅在河北一省就涉嫌非法集资80多亿元。

该合作社发展能够如此迅猛的助力是高额回报诱惑——"入股1万元,即可得到100袋面粉。除此之外,4个月利息30%,1年利息100%。如想退社,返还本金和利息,已被食用的面粉免费赠送"。憧憬过上好日子的农民纷纷入社,合作社的名气也广为传播,甚至在西安,有因非农业户口不符合合作社入社标准的市民,将筹措的260万元委托给他人代其入股。

当然,这种"一年翻番"的高额利息只是"大饼"诱惑。经济观察报在《80亿!农合社庞氏骗局》一文中写到,"这是一种传销式的庞氏骗局。"

作为层压式推销方式的一种类型，庞氏骗局中，参与者要先付一笔钱作为入会代价，所赚的钱是来自其他新加入的参加者，而非公司本身透过业务所赚的钱。投资者通过不断吸引新的投资者加入付钱，以支付上线投资者，通常在短时间内获得回报，直到崩盘。 事实上，××合作社确实没有可盈利的业务，其拳头产品——富硒小麦由××面粉厂生产，收入价格和其他买家一样，并无高额利润，承包土地也是干的"亏本买卖"。真正吸纳资金的渠道为社员入股金和社员入社缴纳 1000 元现金（不退还），而这部分资金则用来支付上线社员的利息和发展下线社员的提成。

随着更多人加入，资金漏洞越来越大，××合作社终于走向崩盘。 最下线的受害人当然损失惨重。 在××合作社的账号被警方冻结之后，不少社员声称"连年都过不去了"。"有些人的钱是自己家的，有些是借自周边亲戚朋友，还有的人的钱来自银行贷款。"一位××合作社的追随者称，这些社员面临的不仅仅是生计问题，其中进退失据者甚至自杀躲债。

思考：结合案例，谈谈如何识破合作社融资诈骗？

第一节 农民专业合作社融资

一、农民专业合作社融资渠道

1. 内源融资

内源融资是农民专业合作社依靠内部积累进行的融资，其资本的形成具有原始性、自主性、低成本性和抗风险性等特点，是合作社生存与发展必不可少的组成部分；它的多少取决于合作社创造和利润数额和利润分配政策。内源融资主要包括成员出资、成员会费、留存收益（公积金和可分配盈余转为的出资）。

2. 外源融资

外源融资是农民专业合作社通过一定方式从外部融入资金用于投资，它具有高效性、灵活性、大量性及集中性的特点，种类和规模主要取决于金融市场的发育程度和资金借给的数量。农民专业合作社的外源融资主要包括财政扶持资金、金融机构贷款、民间借贷、融资租赁。

（1）财政扶持资金。2017 年修订的《农民专业合作社法》第六十五条规定，中央和地方财政应当分别安排资金，支持农民专业合作社开展信息、培训、农产品标准与认证、农业生产基础设施建设、市场营销和技术推广等服务。国家对革命老区、民族地区、边疆地区和贫困地区的农民专业合作社给予优先扶助。县级以上人民政府有关部门应当依法加强对财政补助资金使用情况的监督。根据中央有关文件和相关部门制定的具体规定，财政扶持资金的主要方式包括直接补贴、政府购买服务、定向委托、以奖代补等。其中，直接补贴和以奖代补的方式比较常见。

（2）金融机构贷款。包括向政策性金融机构贷款和向商业性金融机构贷款。政策性金融机构是由政府或政府机构发起、出资设立，包括银行、信托、保险等，国家开发银行、中国进出口银行、中国农业发展银行是比较常见的政策性银行。其中，中国农业发展银行是专门服务于"三农"的政策性银行。这些政策性银行会依照法律规定和党中央相关政策，为符合条件的合作社提供低息贷款、贴息贷款等融资服务。如国家开发银行积极为合作社开展土地流转等提供优惠贷款。商业性金融机构贷款要求担保，评估风险，手续繁杂，审批时间长，利息较高。

（3）民间借贷。民间借贷方便、灵活，门槛较低，但利息较高。

（4）融资租赁。这是新型渠道，机构较少，合作社很少采用，但前景广阔。

二、农民专业合作社融资模式

近年来随着农民专业合作社蓬勃发展，其融资需求进一步增加，全国各地先后出台相关优惠政策，创新融资模式，比较有代表性是以下四种模式。

1. 三方合作保险式融资模式

"三方合作"中的"三方"指的是地方政府、地方金融机构、农民专业合作社。在这个融资模式下，三方主体有不同的分工，其中地方政府由指定的保险公司代为负责，同时保险公司针对农业生产的弱质性提供保险服务，地方金融机构作为中间环节负责为农民专业合作社的贷款进行评估审批和发放，农民专业合作社则需要将贷款及时偿还，贷款的利息由农民专业合作社和地方政府共同负担。这种农民专业合作社融资模式可以适当降低地方金融机构和银行对农民专业合作社贷款的风险，同时也能解决农民专业合作社对扩大发展和农业产业化过程中所需要的资金问题。地方保险企业在政府的指导下也对农民专业合作社的发展起到很好的扶持作用。

每个主体负责自己的职责可以更加专业地为农民专业合作社提供资金支

持，因为涉及每个主体的自身利益所以能够实现一种利益共享且风险一起承担的模式；一直以来农民专业合作社在向银行等地方金融机构贷款时因缺少适当的抵押物所以造成贷款困难，而"三方合作保险"的模式中的保险公司能为农民专业合作社没有合适抵押物提供解决办法，帮助农民专业合作社向银行等地方金融机构贷款，这样的多方参与就实现了双向互补的作用。

2. 资金互助融资模式

第一种资金互助融资模式发生在不同的农民专业合作社，这种融资模式是获取资金的一种。不同农民专业合作社之间的合作可以分为在生产上的合作、产品销售上的合作和合作双方通过信任的方式进行合作。

在资金互助的融资模式下，可以是生产经营相同产品的农民专业合作社联合起来，加强彼此之间的联系。通过这种联系可以实现农民专业合作社之间的信息交流、利益共享从而提高双方合作社的经济收益。资金互助融资模式最早是在日本产生并推行的，适合那些经济实力强大的农民专业合作社之间进行联合并实现资金和信息共享，对农民专业合作社的自身资质要求较高，在我国江浙地区的农民专业合作社的融资方式上较为常见。

第二种资金互助融资模式是在合作社内部社员之间进行的，在遵循农民专业合作社原则的基础上社员自愿以资本入股，将资金投入农民专业合作社的生产中去，为农民专业合作社的发展获取更大优势。这种自给自足的融资模式可以实现农民专业合作社的资金循环，能够从根本上解决生产发展的资金短缺问题，更好地推动农民专业合作社的发展。

3. 银行与农民专业合作社合作融资模式

这种农民专业合作社融资模式主要涉及两个主体，分别是银行和农民专业合作社。农民专业合作社提出贷款申请后，在贷款审批和发放之前银行等涉农金融机构要先对需要贷款的农民专业合作社的基本资金和信用进行调查，对农民专业合作社的信用情况作出评价。当内部社员需要资金的支持时要先向农民专业合作社提交申请，先由农民专业合作社内部对需要贷款的社员资信进行评估，评估合格后运用农民专业合作社自身资质对社员进行担保之后，银行等涉农金融机构再允许社员向其申请贷款。贷款申请审核通过后银行等涉农金融机构会将贷款直接发放到农民专业合作社，贷款资金由合作社进行统一管理提供给内部社员使用。

农民专业合作社的一个生产周期结束后，生产的产品由农民专业合作社进行销售，回笼后的资金要向银行等金融机构偿还本息。银行和农民专业合作社的合作最大的优势是农民专业合作社能够向银行等涉农金融机构为其内部社员进行担保，能够解决农民专业合作社内部社员的信用问题。在这种融资模式下，银行等金融机构能够清晰知道所提供的贷款在农民专业合作社的实际运用情况，对银行等涉农金融机构的从业人员的工作则更加简单方便并且能够顺利收回贷款。这种融资模式存在的缺点是对农民专业合作社的规模和持有资本有很高的要求，由于中国农民专业合作社形成时间较短所以符合条件的较少。

4. 融资风险补偿模式

融资风险补偿模式是农民专业合作社的融资由政府牵头与银行等涉农金融机构进行合作。这种融资模式的主要目的是降低银行等涉农金融机构自身的风险、提高银行等金融机构对农民专业合作社的贷款额度，因为银行等涉农金融机构自身的风险降低也就使得其对于农民专业合作社的贷款支持力度加大。具体来说，与农民专业合作社合作的银行等涉农金融机构执行中国人民银行定期一年存款利率，对融资风险补偿金铺底资金进行计息。融资担保风险补偿基金用于农民专业合作社等新型农业经营主体的贷款担保和补贴贷款的部分利息。

这种融资模式的优势在于有了政府这个强大主体的支持，银行等涉农金融机构所承担的风险会相对降低，银行等涉农金融机构就会更加倾向于为农民专业合作社提供贷款，从而促进农民专业合作社的有序发展。

三、农民专业合作社融资困境突破

1. 农民专业合作社融资困境的成因

研究农民专业合作社融资困境突破，首先我们要分析农民专业合作社融资困境的成因。导致农民专业合作社融资困境的原因有以下五个方面。

（1）农业产业天然弱质性的限制。农业产业具有生产周期长，投资的效益比较低，自然风险和市场风险大的特点。这些特点是导致农民专业合作社融资困境的重要原因。

（2）农民专业合作社自身独特制度安排的约束。社员资格限定和自由进出原则使农民专业合作社股权融资数量有限且不稳定；一人一票的民主管理原则限制了农民专业合作社股金的增长规模；资本报酬有限原则让外部投资者敬而远之。

（3）农民专业合作社整体发展水平的束缚。农民专业合作社成员整体素质不高，内部管理不规范，盈利能力差，担保能力差，融资主体不明确等因素也是导致其融资困境的重要原因。

（4）农村金融体系不完善的制约。农业产业的弱质性导致了农村金融的弱质性，具体表现为商业银行缺乏动力，农村信用社、农业发展银行能力有限，合作金融缺乏，民间借贷成本高，农业保险、担保不健全等。

（5）政策扶持力度有限。近年来，我国各级政府虽然出台了多项涉及"三农"及农民专业合作社的扶持措施和优惠政策，但对于数量庞大的农民专业合作社其扶持力度还是相当有限的。

2. 农民专业合作社融资困境突破

农民专业合作社融资困境突破要从政府、合作社自身和农村金融体系三方面着手。

首先从政府层面来说：要加大政策支持力度（加大各种扶持资金和项目资金的投放规模、扩大税收减免的范围）；要加强产业引导力度（对农民专业合作社加工、销售农产品予以补贴、制定相关人才倾斜政策）；要做好配套服务（鼓励、引导和发展针对农民专业合作社的担保、保险和信用合作）。

其次从农民专业合作社自身层面来说：农民专业合作社要从数量增长转向质量提高（截止到 2022 年底我国农民专业合作社达 224.36 万家，平均每个村有 3 家农民专业合作社，但其中存在大量没有运营的虚假的合作社，目前重点是提高农民专业合作社的质量，提高其盈利能力和规模实力）；农民专业合作社还要重视规范化建设（目前很多合作社运营管理不规范，要使其转变为产权关系明确、收益公平、全体成员受益的规范化合作社）。

再次从农村金融体系层面来说：要完善农村金融服务网络，推进农村金融产品和服务方式的创新，逐步满足农民专业合作社迫切的融资需求。

第二节　农民专业合作社盈余分配和账户设立

一、农民专业合作社盈余分配

（1）农民专业合作社的可分配盈余。在弥补亏损、提取公积金后的当年盈余，为农民专业合作社的可分配盈余。可分配盈余主要按照成员与本社的交易量（额）比例返还。

（2）成员的盈余分配。可分配盈余按成员与本社的交易量（额）比例返还的返还总额不得低于可分配盈余的 60%；返还后的剩余部分，以成员账户中记载的出资额和公积金份额,以及本社接受国家财政直接补助和他人捐赠形成的财产平均量化到成员的份额,按比例分配给本社成员。

某成员的盈余返还额＝可分配盈余总额×返还比例(不低于 60%)×某成员与合作社的交易量(额)÷合作社所有成员的交易量(额)

某成员的剩余盈余返还额＝剩余盈余总额×(某成员出资额＋某成员公积金份额＋某成员国家财政补助和他人捐赠量化额)÷(合作社成员出资总额＋合作社公积金总额＋合作社接受国家财政补助和他人捐赠总额)

(3)经成员大会或者成员代表大会表决同意,可以将全部或者部分可分配盈余转为对农民专业合作社的出资,并记载在成员账户中。

(4)具体分配办法按照章程规定或者经成员大会决议确定。

应用实例

农民专业合作社盈余分配

2020 年××合作社全年盈余 60000 元,提取 10% 的盈余公积,剩余部分 60% 按交易额返还给成员,40% 按成员账户上记载的公积金总额比率返还。若成员 A 交易额占合作社总交易额的 20%,公积金份额比率为 16.86%,请计算成员 A 的盈余分配数额。

答案:

可分配盈余数额:$60000 \times (1 - 10\%) = 54000$(元)

成员 A 的盈余返还额:$54000 \times 60\% \times 20\% = 6480$(元)

成员 A 的剩余盈余返还额:$54000 \times 40\% \times 16.86\% = 3642$(元)

二、农民专业合作社成员账户设立

成员账户是全面反映合作社成员入社的出资额、量化到成员的公积金份额、形成财产的财政补助资金量化到成员的份额、捐赠财产量化到成员的份额、按成员与本社交易量(额)返还给成员的可分配盈余和分配给成员的剩余盈余的账户。

成员账户是按每个成员一份编制,详细记录每个成员与本社的交易量(额)及按此分配给成员的剩余可分配盈余。

1. 成员账户的格式

成员账户分为左右两个部分。左侧为成员个人的股金和公积金部分，包括成员入社的出资额、量化到成员的公积金份额、形成财产的财政补助资金量化到成员的份额、接受捐赠财产量化到成员的份额；右侧为成员与本社交易情况和盈余返还及分配情况，包括成员与本社的交易量（额）、返还给该成员的可分配盈余和分配给该成员的剩余盈余。成员账户的基本格式为下表所示：

成员账户

成员姓名：　　　　　　　　　联系地址：　　　　　　　　　　　　　　　第　页

编号	年		摘要	成员出资	公积金份额	形成财产的财政补助资金量化份额	捐赠财产量化份额	交易量		交易额		盈余返还金额	剩余盈余返还金额
	月	日						产品1	产品2	产品1	产品2		
1													
2													
3													
4													
5													
年终合计													
				公积金总额：				盈余返还总额：					

2. 成员账户的编制方法

农民专业合作社的成员账户按以下步骤与要求填写。

（1）将上年"成员出资""公积金份额""形成财产的财政补助资金量化份额""捐赠财产量化份额"直接对应填入本表"编号1"栏。

（2）"成员出资"项目，按本年成员出资记入股金的部分填列。

（3）"公积金份额"项目，按本年量化到成员个人的公积金份额填列。

（4）"形成财产的财政补助资金量化份额"项目，按本年国家财政直补形成财产量化到成员个人的份额填列。

（5）"捐赠财产量化份额"项目，按本年接受捐赠形成财产量化到成员个人的份额填列。

（6）"交易量"和"交易额"项目，按本年成员与合作社交易的产品填列。如果有多个品牌产品交易，可在此表"交易量"和"交易额"下增加列，并对应填列。

（7）"盈余返还金额"项目，按本年根据成员与合作社交易量（额）返还给成员的可分配盈余数额填列。

（8）"剩余盈余返还金额"项目，按本年根据成员与合作社"股金"和"公积金""专项基金"份额分配给成员的剩余盈余数额填列。

应用实例

农民专业合作社成员账户填制

2020 年 5 月 1 日，A、B、C、D、E 五人各出资 1000 元成立××合作社，2016 年底成员 A 的相关资料：公积份额是 300 元，财政补助份额是 2400 元，盈余返还额是 3000 元，剩余盈余返还额是 1500 元。请填制 2020 年成员 A 的成员账户。

成员账户

成员姓名:A　　　　　　联系地址:　　　　　　　　　　　　第 1 页

编号	2020年 月	2020年 日	摘要	成员出资	公积金份额	形成财产的财政补助资金量化份额	捐赠财产量化份额	交易量 产品1	交易量 产品2	交易额 产品1	交易额 产品2	盈余返还金额	剩余盈余返还金额
1	5	1	入社	1000元									
2	12	31	年终分配		300元	2400元						3000元	1500元
3													
4													
5													
年终合计				1000元	300元	2400元						3000元	1500元
				公积金总额:3700元				盈余返还总额:4500元					

第三节 农民专业合作社财务分析

一、农民专业合作社偿债能力分析

1. 变现能力比率

合作社产生现金的能力,取决于可以在近期转变为现金的流动资产的多少。反映短期偿债能力。短期偿债能力是指合作社以流动资产支付流动负债的能力。短期偿债能力的大小主要取决于合作社营运资金的多少、流动资产变现速度、流动资产结构状况和流动负债的多少等因素的影响。

(1)流动比率。流动比率是流动资产与流动负债的比值,用公式表示为

$$流动比率＝流动资产÷流动负债$$

运用流动比率时,必须注意四个问题:第一,虽然流动比率越高,合作社偿还短期债务的流动资产保证程度越强,这并不等于说合作社已有足够的现金或存款用来偿债。流动比率高也可能是存货积压、应收账款增多且收账期延长等情况所致,而真正可用来偿债的现金存款却严重短缺。第二,从短期债权人的角度看,自然希望流动比率越高越好。但从合作社经营角度看,过高的流动比率通常意味着合作社现金的持有量过多,必然造成合作社机会成本的增加和获利能力的降低。一般认为合理的流动比率为 2∶1。第三,流动比率是否合理,不同的合作社以及同一合作社不同时期的评价标准是不同的,因此,不应用统一的标准来评价各合作社流动比率合理与否。第四,在分析流动比率时应当剔除虚假因素引起的影响。

(2)速动比率。速动比率是流动资产扣除存货后与流动负债的比值,用公式表示为

$$速动比率＝(流动资产－存货)÷流动负债$$

速动比率又称酸性测试比率,是指合作社速动资产和流动负债的比例关系。速动比率是评价合作社流动资产中可以很快变现用于偿付流动负债能力的指标,是衡量合作社实现偿债能力强弱的重要财务指标,说明合作社在一定时期内每一元流动负债有多少速动资产作为支付保证。

2. 负债比率

负债比率反映企业偿付到期长期债务的能力。主要用资产负债率和产权比

率两个指标反映。

（1）资产负债率。资产负债率是负债总额占资产总额的比率，用公式表示为

$$资产负债率＝负债总额÷资产总额$$

这一比率越小，表明合作社的长期偿债能力越强；比率越高，财务风险越大，对债权人的保障程度越低。

判断资产负债率是否合理，还应把握以下几点。

第一，负债总额不仅包括长期负债，还包括短期负债。

第二，合作社利益主体的身份不同，看待该项指标的立场也不同。债权人希望该比率越低越好，这样他们可以及时、足额收回债权本息；股东关心的是举债的效益；经营者更关注如何实现收益与风险的均衡。

第三，对该指标进行分析时，应结合以下几个方面：

结合营业周期分析：营业周期短的合作社，资产周转速度快，可以适当提高资产负债率。

结合经营状况分析：兴旺期间的合作社可适当提高资产负债率。

结合资产构成分析：流动资产占的比率比较大的合作社可以适当提高资产负债率。

（2）产权比率。产权比率是负债总额与股东权益之比，用公式表示为

$$产权比率＝负债总额÷股东权益$$

产权比率是从所有者权益对长期债权的保障程度来评价合作社长期偿债能力。其与资产负债率对评价偿债能力的作用基本相同，主要区别是：资产负债率侧重于分析债务偿付安全性的物质保障程度，产权比率则侧重于揭示财务结构的稳健程度以及自有资金对偿债风险的承受能力。

二、农民专业合作社盈利能力分析

农民专业合作社的盈利能力可以通过销售利润率、销售毛利率、资产利润率和权益利润率四个指标来考核。

（1）销售利润率。销售利润率是指合作社利润总额与销售额之间的比率，是以销售收入为基础分析合作社的获利能力，反映销售收入收益水平的指标，即每元销售收入所获得的利润。销售利润率用公式表示为

$$销售利润率＝利润总额÷销售收入$$

（2）销售毛利率。销售毛利率是毛利占销售收入的百分比，其中毛利是销售收入与销售成本的差。销售毛利率表示每1元销售收入扣除销售成本后，有多少钱可以用于各项期间费用和形成盈利。销售毛利率是公司销售净利率的基

础，没有足够大的毛利率便不能盈利。销售毛利率用公式表示为

$$销售毛利率＝(销售收入－销售成本)÷销售收入$$

（3）资产利润率。资产利润率又叫资产报酬率、投资报酬率或资产收益率，是合作社在一定时期内的净利润和资产平均总额的比率。资产利润率主要用来衡量合作社利用资产获取利润的能力，反映了合作社总资产的利用效率，表示合作社每单位资产能获得净利润的数量，这一比率越高，说明合作社全部资产的盈利能力越强。该指标与净利润率成正比，与资产平均总额成反比。资产利润率用公式表示为

$$资产利润率＝净利润(本年盈余)÷平均资产总额$$

（4）权益利润率。权益利润率又称净资产收益率、股东权益报酬率、净资产利润率，它是净利润与平均股东权益的比值，是合作社税后利润除以净资产得到的百分比，该指标反映股东权益的收益水平，用以衡量合作社运用自有资本的效率。指标值越高，说明投资带来的收益越高。该指标体现了自有资本获得净收益的能力。一般来说，负债增加会导致权益利润率的上升。权益利润率用公式表示为

$$权益利润率＝净利润(本年盈余)÷平均净资产$$

应用实例

五星养殖合作社财务分析

下面是五星养殖合作社的资产负债表和盈余分配表，请计算五星养殖合作社的偿债能力和盈利能力的相关比率。

五星养殖合作社盈余分配表

编制单位:五星养殖合作社　　　　　202×年12月31日　　　　　单位:元

项目	本年金额	项目	本年金额
一、经营收入	236000	四、本年盈余	112900
加:投资收益	3000	加:年初未分配盈余	8000
减:经营支出	109100	其他转入	
管理费用	5000	五、可分配盈余	120900
二、经营收益	124900	减:提取盈余公积金	12090
加:其他收入	8000	盈余返还	72540
减:其他支出	20000	剩余盈余返还	36270
三、本年盈余	112900	六、年末未分配盈余	0

五星养殖合作社资产负债表（简表）

编制单位：五星养殖合作社　　　　　202×年度　　　　　单位：元

资产	年初数	年末数	负债及所有者权益	年初数	年末数
流动资产	145000	313800	流动负债	82000	194410
其中:存货	62000	82000	长期负债	100000	180000
长期资产	385000	522700	负债合计	182000	374410
其中:无形资产	30000	27000	所有者权益	348000	462090
资产总计	530000	836500	负债及股东权益合计	530000	836500

答案：

流动比率＝流动资产÷流动负债＝313800÷194410＝1.61

速动比率＝（流动资产－存货）÷流动负债＝（313800－82000）÷194410＝1.19

资产负债率＝负债总额÷资产总额＝374410÷836500＝44.76%

产权比率＝负债总额÷股东权益＝374410÷462090＝81.03%

销售利润率＝本年盈余÷经营收入＝112900÷236000＝47.84%

销售毛利率＝（经营收入－经营成本）÷经营收入＝（236000－109100）÷236000＝53.77%

资产利润率＝本年盈余÷平均资产总额＝112900÷（530000＋836500）/2＝16.52%

权益利润率＝本年盈余÷平均净资产＝112900÷（348000＋462090）/2＝27.87%

第六章
农民专业合作社优惠政策

内容提要

国家对农民专业合作社的产业政策、金融政策、财政政策、税收政策。
农民专业合作社项目申报的种类、条件与程序。

案例导入

"我们合作社吃到了定心丸"

秋日里的萝北县××村到处洋溢着丰收的喜悦，村委会屋里更是欢声笑语，掌声不断。"十九大报告说了，保持土地承包关系稳定并长久不变，第二轮土地承包到期后再延续三十年，这是给我们这些搞土地流转的合作社吃了一颗定心丸啊！以后咱们就甩开膀子干了！"村里党员集中学习十九大报告，现代农机专业合作社理事长孟某同时召集社员开会，与社员研究报告里关于实施"乡村振兴战略"精神。

52岁的孟某，是一位接受新事物能力特别强的新型农民。从2012年以来，他组织村民成立农民专业合作社，通过土地流转进行规模经营、调整农业生产结构，带领村民抱团发展，把农民领上了发家致富的道路。说起合作社的从无到有、从小到大、从大到强的发展过程，孟某和合作社的社员打心眼儿里感谢党的惠农政策。孟某激动地说："我们合作社就是十八大召开那年成立的，在这五年里，我们买了26台大型农机具，国家给拿了30%的补贴，合作社实现了现代农业机械化。 要是没有国家的惠农好政策，我们哪能买得起这么多先进的农机具呀，更赚不到这么多的钱！"

早在 9 月初，孟某就一直在期盼十九大的召开，希望从大会里了解到中国未来的发展蓝图和政策，特别是关于农村的发展问题。18 日上午，孟某在第一时间收听收看了十九大开幕会实况，仔细聆听了十九大报告。当听到报告中说"农业农村农民问题是关系国计民生的根本性问题，必须始终把解决好'三农'问题作为全党工作重中之重"时，孟某心跳都加快了。当听到"保持土地承包关系稳定并长久不变，第二轮土地承包到期后再延长三十年"时，竟激动得和现场党代表们一样，热烈地鼓起掌来。"太好了，这对俺合作社来说简直就是天大的好消息呀！ 以前，合作社成员都担心土地第二轮承包到期后会调整，报告中这一段话犹如一颗定心丸，让农民没有了后顾之忧，今后大家会大胆放心地对土地进行投入，减少化肥用量，培养地力，做好长远打算。"

记者了解到，今年孟某的合作社紧盯国家政策走向，研判粮食市场新形势，利用自身较好的声誉，以订单形式种植了 1.7 万亩农作物，预计可让合作社 41 户社员户均收入 12 万元。

思考：案例中体现哪些农民专业合作社的优惠政策？

第一节　农民专业合作社优惠政策解读

一直以来，合作社都是国家重点扶持的农业组织，近几年，农民专业合作社飞速发展，成为连接农户与市场、政府与企业不可缺少的桥梁。根据《中华人民共和国农民专业合作社法》，支持农民专业合作社发展的扶持政策措施主要包括四种方式：产业政策倾斜、财政扶持、金融支持和税收优惠。

一、产业扶持政策

产业扶持政策是指国家或者地方政府在制定区域发展计划或规划纲要时，针对地区经济发展的实际情况，采取重点倾斜、优先扶持某些产业或部门的措施，促使它们优先发展，快速发展，以期带动其他产业的共同发展，从而促进整个地区经济发展的政策和措施。国家或者地方政府需要扶持的产业主要是支柱产业、先导产业、瓶颈产业及幼稚产业，目的主要是着眼于未来的产业优势。

无论在发达国家，还是发展中国家，几乎所有的国家都要扶持农业。对农业实施生产资料补贴、最低价格保护、农产品营销贷款补贴、对进口农作物征收高关税等政策。这是因为农业既关乎本国的粮食安全及自然生态和人民健康，又是一个周期长、风险高的行业，相对其他产业处于弱势地位，所以各国政府对农业进行支持和保护。

合作社产业政策倾斜的具体内容包括：

（1）国家支持发展农业和农村经济的建设项目，可以委托和安排有条件的农民专业合作社实施。

（2）农民专业合作社作为市场经营主体，由于竞争实力较弱，应当给予产业政策支持，把合作社作为实施国家农业支持保护体系的重要方面。

（3）符合条件的农民专业合作社可以按照政府有关部门项目指南的要求，向项目主管部门提出承担项目申请，经项目主管部门批准后实施。

知识链接

合作社产业政策分类

（1）涉农项目扶持政策。只要是适合农业合作社发展的涉农项目，都可以纳入合作社的申报范围，获得一定额度的扶持资金帮助。例如蔬菜标准园创建、水产养殖基地、菜篮子工程、农业综合发展项目等。

（2）流通政策。国家针对农民合作社的农产品支持和引导其与连锁超市、学校食堂、农作物生产加工企业等的合作和衔接。

（3）创新创业支持政策。根据新修订的《中华人民共和国农民专业合作社法》，我国将农村民间工艺及制品、休闲农业、乡村旅游资源的开发经营，与农业生产经营有关的技术、信息和设施建设运营等服务，以及开展互助保险等纳入农民合作社的业务范围。合作社能干的业务更多了，这些"新业务"也在一定程度上代表了合作社的业务新方向。

（4）支持合作社产销对接和品牌建设。合作社的产品怎么与消费者对接起来？农业农村部正在支持引导合作社在城市社区设立直销店（点），推进鲜活农产品直销，拓宽销售渠道。支持各地供销合作社举办展销会、产品对接会等活动，为农民合作社搭建农产品产销对接平台；大力推广土地托管等生产性农业社会化服务，为包括农民合作社在内的多种生产经营主体提供耕、种、管、收、储等多个环节服务。

二、金融服务政策

近年来，政府把农民专业合作社作为实施国家农业支持保护的重要方面，采取了有效的措施，支持农民专业合作社的建设与发展，下面我们介绍一下金融服务方面都有哪些扶持政策。

《中华人民共和国农民专业合作社法》第六十六条规定：

国家政策性金融机构应当采取多种形式，为农民专业合作社提供多渠道的资金支持。具体支持政策由国务院规定。

国家鼓励商业性金融机构采取多种形式，为农民专业合作社及其成员提供金融服务。

国家鼓励保险机构为农民专业合作社提供多种形式的农业保险服务。鼓励农民专业合作社依法开展互助保险。

具体内容如下：

（1）优先贷款。目前，财政部会同农业农村部、银保监会推进全国农业信贷担保体系建设，符合政策规定的农民专业合作社信贷担保需求可以统筹纳入省级农业信贷担保公司业务范围。银保监会还印发专门文件，要求银行业金融机构着力加强和改进新型农业经营主体的金融服务。探索建立新型农业经营主体信用评价体系，灵活确定贷款期限，符合条件的可以优先贷款。

（2）定向费用补贴。我国设立了普惠金融发展专项资金，用于创业担保贷款贴息、涉农贷款增量奖励和农村金融机构定向费用补贴，来鼓励引导金融机构加大对农民合作社、小微企业和"三农"信贷供给。

（3）进一步满足小额分散贷款需求。银保监会将会加大信贷投放，聚焦农民专业合作社等新型农业经营主体小额分散贷款需求，力争普惠型农业经营性贷款和普惠型涉农小微企业（含农民合作社）贷款增速总体不低于各项贷款平均增速。

（4）加大对农民专业合作社信贷扶持力度。包括增加农民专业合作社贷款品种，构建农民专业合作社贷款体系；根据农村金融需求的多元性，不断创新金融服务产品，促进金融电子化服务，提升服务的科技含量，满足农户存贷款业务以外的金融服务需求；开展具有农村特色的金融服务，切实提高服务水平，让农民真正感受到金融服务的实惠。

（5）开展农村金融担保方式创新。支持发展具有担保功能的农民专业合作社，探索建立农户、农民专业合作社、农村企业、银行类金融机构与保险公司等有关农村市场利益主体间的利益联结机制和互动合作机制。

（6）创新和丰富支农金融产品，满足农民专业合作社多层次的金融需求。一是开发农民专业合作社大额信用贷款、农业产业化龙头企业贷款、农村产业信用共同体贷款等农村产业化贷款。二是拓展农业开发贷款、农田水利建设中长期贷款和大型农机具融资租赁、农业住房按揭贷款等品种。三是研究开展农民专业合作社土地经营权、林权、房产抵押担保贷款，试办农作物、禽畜抵押贷款、合同签证贷款和库存商品保证贷款等农贷产品。四是充分利用资本市场的直接融资功能，鼓励涉农主体发行债券、股票融资；利用期货市场的价格发现和避险功能，大力发展期货农业，壮大农业产业化链条。

三、财政扶持政策

《中华人民共和国农民专业合作社法》第六十五条规定：中央和地方财政应当分别安排资金，支持农民专业合作社开展信息、培训、农产品标准与认证、农业生产基础设施建设、市场营销和技术推广等服务。国家对革命老区、民族地区、边疆地区和贫困地区的农民专业合作社给予优先扶助。县级以上人民政府有关部门应当依法加强对财政补助资金使用情况的监督。

1. 财政重点支持的农民专业合作社类别

中央财政通过农业生产发展资金支持农民合作社发展，中央财政安排补助资金，重点支持制度健全、管理规范、带动力强的国家农民合作社示范社，适当兼顾农民合作社联合社。今后，中央财政将进一步加大支持力度，在重点支持国家农民合作社示范社的基础上，适当兼顾贫困地区的省级农民合作社示范社，让资金向具有带动能力的农民合作社示范社倾斜。

2. 财政支持示范社和联合社发展的业务种类

财政支持示范社和联合社发展的业务种类包括绿色生态农业、开展标准化生产、农产品加工、产品包装、市场营销、农村一二三产业融合发展、粮食适度规模经营、优势特色主导产业发展、绿色高效技术服务、新型职业农民培育、农产品初加工等方面。

四、合作社税收优惠政策

农民专业合作社作为独立的农村生产经营组织，可以享受国家现有的支持农业发展的税收优惠政策。《农民专业合作社法》第六十七条规定：农民专业合作社享受国家规定的对农业生产、加工、流通、服务和其他涉农经济活动相应的税收优惠。支持农民专业合作社发展的其他税收优惠政策，由国务院规定。

1. 享受合作社专有的税收优惠

早在 2008 年，财政部、国家税务总局就印发《关于农民专业合作社有关税收政策的通知》，明确了农民专业合作社增值税、所得税、印花税的优惠政策。包括：

（1）对农民专业合作社销售本社成员生产的农业产品，视同农业生产者销售自产农业产品，免征增值税。

（2）一般纳税人从农民专业合作社购进的免税农业产品，可按 13% 的扣除率计算抵扣增值税进项税额。

（3）对农民专业合作社向本社成员销售的农膜、种子、种苗、化肥、农药、农机免征增值税。

（4）从事下列项目的所得，免征企业所得税：蔬菜、谷物、薯类、油料、豆类、棉花、麻类、糖料、水果、坚果的种植；农作物新品种的选育；中药材的种植；林木的培育和种植；牲畜、家禽的饲养；林产品的采集；灌溉、农产品初加工、兽医、农技推广、农机作业和维修等农、林、牧、渔服务业项目；远洋捕捞。从事下列项目的所得，减半征收企业所得税：花卉、茶及其他饮料作物和香料作物的种植；海水养殖、内陆养殖。

（5）农民从农民专业合作社取得的盈余返还，为农民销售自产农产品所得，免征个人所得税。

（6）经营采摘、观光农业的农民专业合作社，从事农、林、牧、渔业项目的所得，减免企业所得税。

（7）对农民专业合作社与本社成员签订的农业产品和农业生产资料购销合同，免征印花税。

（8）根据《契税暂行条例细则》第十五条规定，承包荒山、荒沟、荒丘、荒滩土地使用权，用于农、林、牧、渔业生产的，免征契税。

2. 享受小微企业税收优惠

农民合作社从事相关经营活动符合条件的可按规定享受小微企业税收优惠政策。例如：

（1）自 2018 年 1 月 1 日至 2020 年 12 月 31 日，对月销售额 2 万元至 3 万元的增值税小规模纳税人，免征增值税。

（2）2017年1月1日至2019年12月31日，对年应纳税所得额不超过50万元的小型微利企业，其所得额减半计算，并按20%税率征收企业所得税，实际税负为10%。

（3）自2018年1月1日至2020年12月31日，对金融机构与小型企业、微型企业签订的借款合同免征印花税。

📚 知识链接

合作社用电用地优惠

《农民专业合作社法》第六十八条规定，农民专业合作社从事农产品初加工用电执行农业生产用电价格，农民专业合作社生产性配套辅助设施用地按农用地管理，具体办法由国务院有关部门规定。

第二节　农民专业合作社项目申报

农民专业合作社承担的农业发展项目包括以下三类：农业部❶农民专业合作组织示范项目、财政部支持农民专业合作组织发展项目、地方农民专业合作组织项目。

一、农业部农民专业合作组织示范项目

农业部组织实施的农民专业合作组织示范项目由农业部农村经济体制与经营管理司负责项目指导工作。项目的主要扶持对象是农民专业合作社，重点扶持全国优势农产品产区的主导产业和地方特色产品的农民专业合作社。

（1）示范项目资金重点用于支持以下内容：

① 对农民专业合作组织成员和经营管理人员进行互助合作知识培训。

② 开展科学技术和市场营销知识培训，引进优良品种，推广实用技术。

③ 购置农产品加工、整理、储存、保鲜、运销和检测仪器、设备。

④ 申报农产品质量标准认证，培育农产品品牌，制定生产技术规程，建

---

❶ 2018年3月，第十三届全国人大会议批准国务院机构改革方案，农业部变更为农业农村部。

设标准化生产基地。

⑤ 开展市场信息服务，建设营销网络，举办产品推介活动。

（2）申请农民专业合作组织示范项目须符合以下条件：

① 经县级以上有关部门注册登记满一年以上，成员 100 个以上。

② 产权明晰，运行机制比较合理，坚持"民办、民管、民受益"的原则。

③ 有成员入股的农民专业合作组织，股权结构比较合理。

④ 为成员提供经济信息、业务培训、技术指导和产品营销等稳定的服务。

⑤ 符合农业部优势农产品区域布局规划或当地产业特色，能带动周边农民形成区域性产业带（群），提高农业产业化水平，增加农民收入，具有较强的示范性。

（3）农民专业合作组织示范项目的申报程序：

① 项目申报。符合申报条件的农民专业合作组织应当按照通知的要求，认真准备申报材料，将申报材料向县农业管理部门申报。

② 项目评审。收到项目申报书后，组织有关部门及专家对申报合作组织进行评审。

③ 项目实施。根据评审结论，主管部门依据有关规定，敦促获批合作社建设项目。项目实施过程中，不定期抽查项目工程建设情况和项目资金使用情况。

④ 项目验收。项目实施建设完毕后，合作组织提交验收申请及有关验收材料申请验收。验收通过后无异议后再一次性拨付全部财政资金。

二、财政部支持农民专业合作组织发展项目

（1）财政部支持农民专业合作组织发展项目资金重点支持的范围。引进新品种和推广新技术；提供专业技术、管理知识培训及服务；组织标准化生产；农产品初加工、整理、储存和保鲜；获得认证、品牌培育、市场营销和信息咨询等服务；推动农民专业合作组织创新发展；改善服务手段和提高管理水平的其他事项。

（2）财政部支持农民专业合作组织发展项目扶持的农民专业合作组织应符合下列条件：

① 依据有关规定注册登记，具有符合"民办、民管、民享"原则的农民合作组织章程；

② 财务管理制度完善，符合民主管理决策等规范要求；

③ 服务网络健全，能有效地为合作组织成员提供农业专业服务；

④ 具备管护能力，能确保项目形成的资产长期发挥作用；

⑤ 合作组织成员原则上不少于 100 户，同时具有一定的产业基础。

（3）财政部支持农民专业合作组织发展项目申报程序。财政部组织实施的支持农民专业合作组织项目由各省（区、市）财政厅（局）组织项目申报，按照财政部农业资金管理和有关文件的要求，各省财政部门在申报数量限额内，组织农业部门和有关专家进行项目评审并排序，按照财政部当年的文件要求报财政部农业司，经审核批准后实施。

三、地方农民专业合作组织项目

地方农民专业合作组织项目由各地农业行政主管部门牵头协商有关部门，负责组织项目申报和项目实施。目前，绝大部分省（自治区、直辖市）和部分地（市）地方财政都安排专项资金，支持农民专业合作组织的建设与发展。

地方农民专业合作组织项目的申报程序、申报条件和项目组织管理，是根据当地农民专业合作组织发展的实际情况确定的。农民专业合作组织申请承担项目，应与当地农业行政主管部门联系，咨询申报有关事项，按照有关要求填写项目申报书。

附　录

农民专业合作社示范章程（带注解）

本示范章程中的【】内文字部分为解释性规定。农民专业合作社在遵守有关法律法规的前提下，可根据自身实际情况，参照本示范章程制订和修正本社章程。

_____专业合作社章程

____年____月____日召开设立大会，由全体设立人一致通过。____年____月____日召开成员大会第____次修订通过。

第一章　总则

第一条　为促进本社规范运行和持续发展，保护本社及成员的合法权益，增加成员收入，增进成员福利，依照《中华人民共和国农民专业合作社法》和有关法律、法规、政策，制定本章程。

第二条　本社由____【注：列出全部发起人姓名或名称】等____人发起，于____年____月____日召开设立大会。

本社名称：____专业合作社，成员出资总额____元，其中，货币出资额____元，非货币出资额____元【注：如有非货币出资请按具体出资内容分别注明，如以土地经营权作价出资＊＊元】。

单个成员出资占比不得超过本社成员出资总额的百分之____。

本社法定代表人：＿＿＿【注：理事长姓名】。

本社住所：＿＿＿，邮政编码：＿＿＿。

第三条　本社以服务成员、谋求全体成员的共同利益为宗旨。成员入社自愿，退社自由，地位平等，民主管理，实行自主经营，自负盈亏，利益共享，风险共担，可分配盈余主要按照成员与本社的交易量（额）比例返还。

第四条　本社以成员为主要服务对象，依法开展以下业务：

（一）农业生产资料的购买、使用；

（二）农产品的生产、销售、加工、运输、贮藏及其他相关服务；

（三）农村民间工艺及制品、休闲农业和乡村旅游资源的开发经营；

（四）与农业生产经营有关的技术、信息、设施建设运营等服务。

【注：根据实际情况填写。上述内容应与市场监督管理部门颁发的农民专业合作社法人营业执照规定的业务范围一致。】

第五条　经成员（代表）大会讨论并决议通过，本社依法发起设立或自愿加入＿＿＿农民专业合作社联合社。

第六条　依法向＿＿＿公司等企业投资；依法投资兴办＿＿＿公司。

第七条　经成员（代表）大会讨论并决议通过，本社可以接受与本社业务有关的单位委托，办理代购代销等服务；可以向政府有关部门申请或者接受政府有关部门委托，组织实施国家支持发展农业和农村经济的建设项目；可以按决定的数额和方式参加社会公益捐赠。

第八条　本社及全体成员遵守法律、社会公德和商业道德，依法开展生产经营活动。本社不从事与章程规定无关的活动。

第九条　本社对由成员出资、公积金、国家财政直接补助、他人捐赠以及合法取得的其他资产所形成的财产，享有占有、使用和处分的权利，并以上述财产对债务承担责任。

第十条　本社为每个成员设立成员账户，主要记载该成员的出资方式、出资额、量化为该成员的公积金份额以及该成员与本社的业务交易量（额）。

本社成员以其成员账户内记载的出资额和公积金份额为限对本社承担责任。

第二章　成员

第十一条　具有民事行为能力的公民，从事与＿＿＿【注：业务范围内的主业农副产品名称】业务直接有关的生产经营，能够利用并接受本社提供的服务，承认并遵守本章程，履行本章程规定的入社手续的，可申请成为本社成员。从事与本社＿＿＿业务直接有关的生产经营活动的企业、事业单位或者社会组织可申请成为本社成员【注：农民专业合作社可以根据自身发展的实际情况决定是否吸收团体成员】。具有管理公共事务职能的单位不得加入本社。本社成员中，农民成员至少占成员总数的百分之八十【注：农民专业合作社章程可自主确定入社成员的生产经营规模或经营服务能力等其他条件】。

第十二条　凡符合第十一条规定，向本社理事长或者理事会提交书面入社申请，经成员大会或者成员代表大会表决通过后，即成为本社成员。

第十三条　本社向成员颁发成员证书，并载明成员的出资额。成员证书同时加盖本社财务印章和理事长印鉴。

第十四条　本社成员享有下列权利：

（一）参加成员大会，并享有表决权、选举权和被选举权，按照本章程规定对本社实行民主管理；

（二）利用本社提供的服务和生产经营设施；

（三）按照本章程规定分享本社盈余；

（四）查阅本社章程、成员名册、成员大会或者成员代表大会记录、理事会会议决议、监事会会议决议、财务会计报告、会计账簿和财务审计报告；

（五）对本社理事长、理事、执行监事（监事长）、监事的工作提出质询、批评和建议；

（六）提议召开临时成员大会；

（七）提出书面退社申请，依照本章程规定程序退出本社；

（八）按照本章程规定向本社其他成员转让出资，成员账户内的出资额和公积金份额可依法继承；

（九）成员（代表）大会对拟除名成员表决前，拟被除名成员有陈述意见的机会；

（十）成员共同议决的其他权利。

第十五条　本社成员（代表）大会选举和表决，实行一人一票制，成员各享有一票基本表决权。

出资额占本社成员出资总额百分之____以上或者与本社业务交易量（额）占本社总交易量（额）百分之____以上的成员，在本社____等事项【注：如，设立或加入农民专业合作社联合社、重大财产处置、投资兴办经济实体、对外担保和生产经营活动中的其他事项】决策方面，最多享有____票的附加表决权【注：可对每类事项规定享有附加表决权的成员条件及享有附加表决权的单个成员可能享有的附加表决权的票数】。本社成员附加表决权总票数，依法不得超过本社成员基本表决权总票数的百分之二十。享有附加表决权的成员及其享有的附加表决权数，在每次成员大会召开时告知出席会议的成员。

第十六条 本社成员承担下列义务：

（一）遵守本社章程和各项规章制度，执行成员（代表）大会和理事会的决议；

（二）按照章程规定向本社出资；

（三）积极参加本社各项业务活动，接受本社提供的技术指导，按照本社规定的质量标准和生产技术规程从事生产，履行与本社签订的业务合同，发扬互助协作精神，谋求共同发展；

（四）维护本社合法利益，爱护生产经营设施；

（五）不从事损害本社及成员共同利益的活动；

（六）不得以其对本社或者本社其他成员的债权，抵销已认购但尚未缴清的出资额；不得以已缴纳的出资，抵销其对本社或者本社其他成员的债务；

（七）承担本社的亏损；

（八）成员共同议决的其他义务。

第十七条 成员有下列情形之一的，终止其成员资格：

（一）要求退社的；

（二）丧失民事行为能力的；

（三）死亡的；

（四）企业、事业单位或社会组织成员破产、解散的；

（五）被本社除名的。

第十八条 成员要求退社的，须在会计年度终了的____个月【注：不得低于三个月】向理事会提出书面声明，办理退社手续；其中，企业、事业单位或社会组织成员退社的，须在会计年度终了的____个月【注：不得低于六个月】前提出。退社成员的成员资格自该会计年度终了时终止。

第十九条 成员资格终止的，在完成该年度决算后____个月内【注：不应超过三个月】，退还记载在该成员账户内的出资额和公积金份额。如本社经营盈余，按照本章程规定返还其相应的盈余；如本社经营有亏损和债务，扣除其应分摊的亏损金额及债务金额。

成员在其资格终止前与本社已订立的业务合同应当继续履行【注：或依照退社时与本社的约定确定】。

第二十条 成员死亡的，其法定继承人符合法律及本章程规定的入社条件的，可以在____个月内向理事长或者理事会提出书面入社申请，经成员（代表）大会表决通过后，成为本社成员，办理入社手续，依法继承被继承人与本社的债权债务。成员大会或者成员代表大会不同意其法定继承人继承成员资格的，原成员资格因死亡而终止，其成员账户中记载的出资额、公积金份额由其继承人依《民法典》规定继承。

第二十一条　成员有下列情形之一的，经成员（代表）大会表决通过，予以除名：

（一）不遵守本社章程、成员（代表）大会的决议；

（二）严重危害其他成员及本社利益的；

（三）成员共同议决的其他情形。

成员（代表）大会表决前，允许被除名成员陈述意见。

第二十二条　被除名成员的成员资格自会计年度终了时终止。本社对被除名成员，退还记载在该成员账户内的出资额和公积金份额，结清其应承担的本社亏损及债务，返还其相应的盈余所得。因第二十一条第二项被除名的成员须对本社作出相应赔偿。

第三章　组织机构

第二十三条　成员大会是本社的最高权力机构，由全体成员组成。

成员大会行使下列职权：

（一）审议、修改本社章程和各项规章制度；

（二）选举和罢免理事长、理事、执行监事或者监事会成员；

（三）决定成员入社、退社、继承、除名、奖励、处分等事项；

（四）决定成员出资增加或者减少；

（五）审议本社的发展规划和年度业务经营计划；

（六）审议批准年度财务预算和决算方案；

（七）审议批准年度盈余分配方案和亏损处理方案；

（八）审议批准理事会、执行监事或者监事会提交的年度业务报告；

（九）决定重大财产处置、对外投资、对外担保和生产经营活动中的其他重大事项；

（十）对合并、分立、解散、清算以及设立、加入联合社等作出决议；

（十一）决定聘用经营管理人员和专业技术人员的数量、资格和任期；

（十二）听取理事长或者理事会关于成员变动情况的报告；

（十三）决定公积金的提取及使用；

（十四）决定是否设立成员代表大会；

（十五）决定其他重大事项。

第二十四条　本社成员超过一百五十人时，设立成员代表大会，成员代表人数一般为成员总人数的百分之十。本社成员代表为＿＿＿人。成员代表大会履行本章程第二十三条第＿＿＿项至第＿＿＿项规定的成员大会职权。成员代表任期＿＿＿年，可以连选连任【注：成员总数超过一百五十人的农民专业合作社可以根据自身发展的实际情况决定是否设立成员代表大会，成员代表最低人数为五十一人】。

第二十五条　本社每年召开＿＿＿次成员大会【注：每年至少召开一次成员大会】，成员大会由【注：理事长或者理事会】负责召集，并在成员大会召开之日前十五日向本社全体成员通报会议内容。

第二十六条　有下列情形之一的，本社在二十日内召开临时成员大会：

（一）百分之三十以上的成员提议；

（二）监事会【注：或者执行监事】提议；

（三）理事会提议；

（四）成员共同议决的其他情形。

理事长【注：或者理事会】不能履行或者在规定期限内没有正当理由不履行召集临时成员大会职责的，监事会【注：或者执行监事】在＿＿＿日内召集并主持临时成员大会。

第二十七条　成员大会须有本社成员总数的三分之二以上出席方可召开。成员因故不能参加成员大会，可以书面委托其他成员代理发言、表决。一名成员最多只能代理＿＿＿名成员。

成员大会选举或者作出决议，须经本社成员表决权总数过半数通过；对修改本社章程，增加或者减少成员出资，合并、分立、解散，设立或加入联合社等重大事项作出决议的，须经本社成员表决权总数的三分之二以上通过【注：可以根据实际情况设置更高表决权比例】。

第二十八条　本社设理事长一名，为本社的法定代表人。理事长任期＿＿＿年，可连选连任。

理事长行使下列职权：

（一）主持成员大会，召集并主持理事会会议；

（二）签署本社成员出资证明；

（三）组织编制年度业务报告、盈余分配方案、亏损处理报告、财务会计报告；

（四）签署聘任或者解聘本社经理、财务会计人员和其他专业技术人员聘书；

（五）组织实施成员大会、成员代表大会和理事会决议，检查决议实施情况；

（六）代表本社签订合同等；

（七）代表本社参加其所加入的联合社的成员大会；

（八）履行成员大会授予的其他职权。

【注：不设理事会的理事长职权参照本条款及理事会职权。】

第二十九条 本社设理事会，对成员大会负责，由____名成员组成【注：理事会成员人数为单数，最少三人】，设副理事长____人。理事会成员任期____年，可连选连任。

理事会行使下列职权：

（一）召集成员（代表）大会并报告工作，执行成员（代表）大会决议；

（二）制订本社发展规划、年度业务经营计划、内部管理规章制度等，提交成员（代表）大会审议；

（三）制定年度财务预决算、盈余分配和亏损弥补等方案，提交成员（代表）大会审议；

（四）决定聘用经营管理人员和专业技术人员的报酬；

（五）组织开展成员培训和各种协作活动；

（六）管理本社的资产和财务，维护本社的财产安全；

（七）接受、答复、处理本社成员、监事会【注：或者执行监事】提出的有关质询和建议；

（八）接受入社申请，提交成员（代表）大会审议；

（九）决定聘任或者解聘本社经理、财务会计人员和其他专业技术人员；

（十）履行成员大会授予的其他职权。

第三十条 理事会会议的表决，实行一人一票。重大事项集体讨论，并经三分之二以上理事同意，方可形成决定，作成会议记录，出席会议的理事在会议记录上签名。理事个人对某项决议有不同意见时，其意见载入会议记录并签名。理事会会议可邀请监事长【注：或者执行监事】、经理和____名成员代表列席，列席者无表决权。

第三十一条 本社设执行监事一名，代表全体成员监督检查理事会和工作人员的工作。执行监事列席理事会会议，并对理事会决议事项提出质询或建议【注：不设监事会的执行监事职权参照监事会职权】。

第三十二条 本社设监事会，由____名监事组成【注：监事会成员人数为单数，最少三人】，设监事长一人，代表全体成员监督检查理事会和工作人员的工作。监事长和监事会成员任期____年，可连选连任。监事长列席理事会会议，并对理事会决议事项提出质询或建议。

监事会行使下列职权：

（一）监督理事会对成员大会决议和本社章程的执行情况；

（二）监督检查本社的生产经营业务情况，负责本社财务审核监察工作；

（三）监督理事长或者理事会成员和经理履行职责情况；

（四）向成员大会提出年度监察报告；

（五）向理事长或者理事会提出工作质询和改进工作的建议；

（六）提议召开临时成员大会；

（七）履行成员大会授予的其他职责。

第三十三条　监事会会议由监事长召集，会议决议以书面形式通知理事会。理事会在接到通知后＿＿＿日内就有关质询作出答复。

第三十四条　监事会会议的表决实行一人一票。监事会会议须有三分之二以上的监事出席方能召开，作成会议记录，出席会议的监事在会议记录上签名。重大事项的决议须经三分之二以上监事同意方能生效。监事个人对某项决议有不同意见时，其意见载入会议记录并签名。

第三十五条　本社经理由理事会【注：或者理事长】按照成员大会的决定聘任或者解聘，对理事会【注：或者理事长】负责，行使下列职权：

（一）主持本社的生产经营工作，组织实施理事会决议；

（二）组织实施年度生产经营计划和投资方案；

（三）拟订经营管理制度；

（四）聘任其他经营管理人员；

（五）理事会授予的其他职权。

本社理事长或者理事可以兼任经理。

第三十六条　本社现任理事长、理事、经理和财务会计人员不得兼任监事。

第三十七条　本社理事长、理事和管理人员不得有下列行为：

（一）侵占、挪用或者私分本社资产；

（二）违反章程规定或者未经成员大会同意，将本社资金借贷给他人或者以本社资产为他人提供担保；

（三）接受他人与本社交易的佣金归为己有；

（四）从事损害本社经济利益的其他活动；

（五）兼任业务性质相同的其他农民专业合作社的理事长、理事、监事、经理。

理事长、理事和管理人员违反前款第（一）项至第（四）项规定所得的收入，归本社所有；给本社造成损失的，须承担赔偿责任。

第四章　财务管理

第三十八条　本社实行独立的财务管理和会计核算，严格执行国务院财政部门制定的农民专业合作社财务会计制度。

第三十九条　本社依照有关法律、行政法规和政府有关主管部门的规定，建立健全财务和会计制度，实行财务定期公开制度，每月____日【注：或者每季度第____月____日】向本社成员公开会计信息，接受成员的监督。

本社财务会计人员应当具备从事会计工作所需要的专业能力，会计和出纳互不兼任。理事会、监事会成员及其直系亲属不得担任本社的财务会计人员。

第四十条　本社与成员和非成员的交易实行分别核算。成员与本社的所有业务交易，实名记载于各该成员的成员账户中，作为按交易量（额）进行可分配盈余返还分配的依据。利用本社提供服务的非成员与本社的所有业务交易，实行单独记账。

第四十一条　会计年度终了时，由理事会【注：或者理事长】按照本章程规定，组织编制本社年度业务报告、盈余分配方案、亏损处理方案以及财务会计报告，于成员大会召开十五日前，置备于办公地点，供成员查阅并接受成员的质询。

第四十二条　本社资金来源包括以下几项：

（一）成员出资；

（二）每个会计年度从盈余中提取的公积金、共益金；

（三）未分配收益；

（四）国家财政补助资金；

（五）他人捐赠款；

（六）其他资金。

第四十三条　本社成员可以用货币出资，也可以用库房、加工设备、运输设备、农机具、农产品等实物、知识产权、土地经营权、林权等可以用货币估价并可以依法转让的非货币财产，以及____【注：如还有其他方式，请注明】等方式作价出资，但不得以劳务、信用、自然人姓名、商誉、特许经营权或者设定担保的财产等作价出资。成员以非货币方式出资的，由全体成员评估作价或由第三方机构评估作价、全体成员一致认可。

成员以家庭承包的土地经营权出资入社的，应当经承包农户全体成员同意。通过租赁方式取得土地经营权或者林权的，对合作社出资须取得原承包权人的书面同意。

第四十四条　本社成员认缴的出资额，须在＿＿＿个月内缴清。

第四十五条　以货币方式出资的出资期限为＿＿＿年，以非货币方式作价出资【注：注明具体出资方式，如以土地经营权作价出资】的出资期限为＿＿＿年。

第四十六条　以非货币方式作价出资的成员与以货币方式出资的成员享受同等权利，承担同等义务。

经理事会【注：或者理事长】审核，成员大会讨论通过，成员出资可以转让给本社其他成员。

本社成员不得【注：或者可以，根据实际情况选择】以其依法可以转让的出资设定担保。

第四十七条　为实现本社及全体成员的发展目标需要调整成员出资时，经成员大会讨论通过，形成决议，每个成员须按照成员大会决议的方式和金额调整成员出资。

第四十八条　本社从当年盈余中提取百分之＿＿＿的公积金，用于扩大生产经营、弥补亏损或者转为成员出资。

本社每年提取的公积金，按照成员与本社业务交易量（额）【注：或者出资额，也可以二者相结合】依比例量化为每个成员所有的份额。

第四十九条　本社从当年盈余中提取百分之＿＿＿的公益金，用于成员的技术培训、合作社知识教育以及文化、福利事业和生活上的互助互济。其中，用于成员技术培训与合作社知识教育的比例不少于公益金数额的百分之＿＿＿。

第五十条　本社接受的国家财政直接补助和他人捐赠，均按国务院财政部门制定的农民专业合作社财务会计制度规定的方法确定的金额入账，作为本社的资金（资产），按照规定用途和捐赠者意愿用于本社的发展。在解散、破产清算时，由国家财政直接补助形成的财产，不得作为可分配剩余资产分配给成员，处置办法按照国务院财政部门有关规定执行；接受他人的捐赠，与捐赠者另有约定的，按约定办法处置。

第五十一条　当年扣除生产经营和管理服务成本，弥补亏损、提取公积金和公益金后的可分配盈余，主要按照成员与本社的交易量（额）比例返还，经成员大会决议，按照下列顺序分配：

（一）按成员与本社的业务交易量（额）比例返还，返还总额不低于可分配盈余的百分之六十【注：依法不低于百分之六十，具体年度比例由成员大会讨论决定】；

（二）按前项规定返还后的剩余部分，以成员账户中记载的出资额和公积金份额，以及本社接受国家财政直接补助和他人捐赠形成的财产平均量化到成员的份额，按比例分配给本社成员，并记载在成员个人账户中。

第五十二条　经成员（代表）大会表决同意，可以将本社全部或部分可分配盈余转为成员对本社的出资，并记载在成员账户中。

第五十三条　本社如有亏损，经成员（代表）大会讨论通过，用公积金弥补，不足部分也可以用以后年度盈余弥补。

本社的债务用本社公积金或者盈余清偿，不足部分依照成员个人账户中记载的财产份额，按比例分担，但不超过成员账户中记载的出资额和公积金份额。

第五十四条　监事会【注：或者执行监事】负责本社的日常财务审核监督。根据成员（代表）大会【注：或者理事会】的决定【注：或者监事会的要求】，本社委托____【注：列明被委托机构的具体名称，该机构应系具有相关资质的社会中介机构】对本社财务进行年度审计、专项审计和换届、离任审计。

第五章　合并、分立、解散和清算

第五十五条　本社与他社合并，须经成员大会决议，自合并决议作出之日起十日内通知债权人。合并后的债权、债务由合并后存续或者新设的农民专业合作社承继。

第五十六条　本社分立，须经成员大会决议，本社的财产作相应分割，并自分立决议作出之日起十日内通知债权人。分立前的债务由分立后的组织承担连带责任。但是，在分立前与债权人就债务清偿达成的书面协议另有约定的除外。

第五十七条　本社因下列原因解散：

（一）因成员变更低于法定人数或比例，自事由发生之日起 6 个月内仍未达到法定人数或比例；

（二）成员大会决议解散；

（三）本社分立或者与其他农民专业合作社合并后需要解散；

（四）因不可抗力致使本社无法继续经营；

（五）依法被吊销营业执照或者被撤销登记；

（六）成员共同议决的其他情形。

第五十八条　本社因第五十七条第（一）项、第（二）项、第（四）项、第（五）项、第（六）项情形解散的，在解散情形发生之日起十五日内，由成员大会推举____名成员组成清算组接管本社，开始解散清算。逾期未能组成清算组时，成员、债权人可以向人民法院申请指定成员组成清算组进行清算。

第五十九条 清算组负责处理与清算有关未了结业务，清理本社的财产和债权、债务，制定清偿方案，分配清偿债务后的剩余财产，代表本社参与诉讼、仲裁或者其他法律程序，并在清算结束后____日内向成员公布清算情况，向登记机关办理注销登记。

第六十条 清算组自成立起十日内通知成员和债权人，并于六十日内在报纸上公告。

第六十一条 本社财产优先支付清算费用和共益债务后，按下列顺序清偿：

（一）与农民成员已发生交易所欠款项；

（二）所欠员工的工资及社会保险费用；

（三）所欠税款；

（四）所欠其他债务；

（五）归还成员出资、公积金；

（六）按清算方案分配剩余财产。

清算方案须经成员大会通过或者申请人民法院确认后实施。本社财产不足以清偿债务时，依法向人民法院申请破产。

第六章 附则

第六十二条 本社需要向成员公告的事项，采取____方式发布，需要向社会公告的事项，采取____方式发布。

第六十三条 本章程由设立大会表决通过，全体设立人签字后生效。

第六十四条 修改本章程，须经半数以上成员或者理事会提出，理事会【注：或者理事长】负责修订。

第六十五条 本章程如有附录（如成员出资列表），附录为本章程的组成部分。

全体设立人签名、盖章：

参考文献

［1］宗义湘．农民专业合作社管理与实务［M］．北京：金盾出版社，2019.

［2］农业农村部农村合作经济指导司，农业农村部管理干部学院．农民专业合作社辅导员知识读本［M］.2版．北京：中国农业出版社，2019.

［3］吴玉平，唐俊杰．农民专业合作社财务核算与管理［M］．北京：中国农业科学技术出版社，2021.

［4］姚凤娟，段会勇．农民专业合作社与家庭农场管理实务［M］．北京：化学工业出版社，2016.

［5］陈建国，陈光国，韩俊．中华人民共和国农民专业合作社法解读［M］．北京：中国法制出版社，2018.

［6］李秀萍，赵永军，葛万钧．农民专业合作社建设与经营管理［M］．北京：中国农业科学技术出版社，2018.

［7］李艳萍，闫云婷．农民专业合作社运营管理与实务［M］．北京：化学工业出版社，2022.

［8］姚凤娟，耿鸿玲．家庭农场与农民专业合作社管理实务［M］.2版．北京：化学工业出版社，2021.

［9］卫书杰，姬红萍，黄维勤．农民专业合作社经营管理［M］．北京：中国林业出版社，2016.

［10］张正一，杨光丽．农民专业合作社经营与管理［M］．北京：中国农业科学技术出版社，2015.

［11］杨超，祁小军，任永霞．农民专业合作社建设与管理［M］．北京：中国农业科学技术出版社，2016.

［12］农业部农村经济体制与经营管理司．农民专业合作社理事长管理实务［M］.3版．北京：中国农业出版社，2019.